PODER, TERROR, PAZ E GUERRA

WALTER RUSSELL MEAD

PODER, TERROR, PAZ E GUERRA

OS ESTADOS UNIDOS E O MUNDO CONTEMPORÂNEO SOB AMEAÇA

Tradução:
BÁRBARA DUARTE

Prefácio à edição brasileira e notas:
ARTHUR ITUASSU
Professor de Relações Internacionais, PUC-RIO

Jorge **ZAHAR** Editor
Rio de Janeiro

Título original:
Power, Terror, Peace and War
(America's Grand Strategy in a World at Risk)

Tradução autorizada da primeira edição norte-americana, publicada em 2004 por Alfred A. Knopf, uma divisão da Random House, Inc., de Nova York, Estados Unidos

Jorge Zahar Editor Ltda.
rua México 31 sobreloja
20031-144 Rio de Janeiro, RJ
tel.: (21) 2108-0808 / fax: (21) 2108-0800
e-mail: jze@zahar.com.br
site: www.zahar.com.br

Parte deste trabalho foi previamente publicado na revista *Foreign Affairs*.

Fundado em 1921, o Conselho de Relações Externas é uma organização de afiliação nacional, independente e não-partidária para acadêmicos dedicados à produção e disseminação de idéias de modo que membros corporativos e individuais, assim como estrategistas políticos, jornalistas, estudantes e cidadãos interessados nos Estados Unidos e em outros países, possam entender melhor o mundo e as escolhas de política externa enfrentadas pelos Estados Unidos e por outros governos. Este trabalho é realizado pelo Conselho por meio de assembléias; de um programa de estudos abrangente; da revista *Foreign Affairs*, um periódico proeminente que cobre as questões internacionais e a política externa americana; da participação diversificada de seus associados; da promoção de equipes independentes de força-tarefa; e do fornecimento de informações atualizadas sobre o mundo e a política externa americana por meio do site do Conselho, www.cfr.org.

Capa: Dupla Design
Ilustração da capa: foto, Luciano Mattos Bogado;
manipulação da imagem, Paulo Paixão

CIP-Brasil. Catalogação-na-fonte
Sindicato Nacional dos Editores de Livros, RJ.

Mead, Walter Russell
M431p Poder, terror, paz e guerra: os Estados Unidos e o mundo contemporâneo sob ameaça / Walter Russell Mead; tradução, Bárbara Duarte; prefácio, Arthur Ituassu. — Rio de Janeiro: Jorge Zahar Ed., 2006

Tradução de: Power, terror, peace and war: (America's grand strategy in a world at risk)
Inclui bibliografia
ISBN 85-7110-942-7

1. Guerra contra o terrosismo, 2001. 2. Estados Unidos – Relações exteriores – Século XXI. I. Título.

CDD 327.73
06-2605 CDU 327 (73)

SUMÁRIO

Para Allen Adler

"A glória da amizade não é a mão estendida, nem o sorriso carinhoso, nem mesmo a delicia da companhia. É a inspiração espiritual que vem quando se descobre que alguém acredita e confia em você."

(Ralph Waldo Emerson)

PREFÁCIO À EDIÇÃO BRASILEIRA

Arthur Ituassu

HÁ MUITO MAIS ENTRE George Bush e Michael Moore do que supõe a nossa vã filosofia. Em tempos de mudanças e incertezas, é fácil perceber como o pensamento corre o risco de se tornar refém dos extremos. Estar contra ou a favor de algo, pró ou anti alguém, no entanto, pode não significar muito.

Walter Russell Mead é um prestigiado analista da política externa norte-americana. Consegue aliar clareza e profundidade com a proeza de transformar livros sobre o tema em best-sellers. É certamente, hoje, um dos pensadores da área que mais têm alcance de público, sem que isso signifique abrir mão da complexidade que as relações internacionais contemporâneas exigem. Tudo isso lhe garante um papel de dupla influência, tanto nos debates da área quanto nos corredores de Washington.

Poder, terror, paz e guerra não é um livro para justificar ou legitimar as ações dos Estados Unidos no plano internacional. Não é um livro para enaltecer cegamente como a diplomacia norte-americana vem se comportando desde os atentados de 11 de Setembro. É um livro, no entanto, sobre o papel dos EUA e da diplomacia norte-americana na vida global. Não é um livro contra ou a favor dos Estados Unidos. É um livro sobre os Estados Unidos e o mundo, escrito do ponto de vista de um norte-americano cuja inteligência o impediria de estar preso aos extremos, aos absolutos que encantam as massas e bloqueiam o pensamento.

A tese de Walter, como o autor gosta de ser chamado, é a de que há uma mudança paradigmática na dinâmica do sistema capitalista. Isso não significa apontar, mais uma vez, para a mãe atual de todos os órfãos: a globalização – apesar de a globalização ser parte integrante do processo –, mas ressaltar a passagem do sistema capitalista "fordista" do pós-Segunda Guerra Mundial para o "do milênio" do fim do século XX.

As diferenças entre os dois sistemas são muitas e não se limitam apenas ao terreno da economia. No entanto, de uma certa forma, enquanto o primeiro modelo tem por base o consumo de massa, os Estados grandes e interventores, a autonomia, a proteção, as garantias; o segundo traz outros valores como a produtividade, a liberdade, o indivíduo, a interdependência. Mais uma vez não se trata de um "bem" e um "mal", mas de uma real mudança nas estruturas do capitalismo mundial.

Para o autor, os Estados Unidos hoje experimentam uma forte sensação de "renascimento" dado ao fato de que o país foi capaz de se ajustar a essas transformações mais rapidamente que as outras nações do planeta, servindo inclusive, neste sentido, como um motor da própria transformação. Tal habilidade gerou uma ampliação do poder relativo norte-americano, em especial no que diz respeito aos quesitos clássicos ligados à capacidade econômica e militar.

Ao mesmo tempo, esse "novo" Estados Unidos chegou acompanhado das tradicionais correntes da política externa norte-americana – tema de outro livro importante do autor[1] –, não como um conjunto de idéias estanques, mas como noções transformadas pela história. É nesse sentido, por exemplo, que o velho wilsonianismo é absorvido pelo neoconservadorismo norte-americano no que diz respeito à promoção da democracia, mas não à antiga ênfase nas instituições internacionais da corrente ligada ao ex-presidente Woodrow Wilson.

No entanto, como aponta Walter, de forma absolutamente sagaz, a associação ideológica do processo de transformação do capitalismo com os Estados Unidos gera um efeito contrário ao aumento da capacidade relativa do país. Em relação aos aspectos não-coercitivos do poder, a identificação fortalece os sentimentos de antiamericanismo no mundo, originado muitas vezes entre os que mais sofrem com os custos da mudança – e os que menos têm o amparo do poder público.

Sendo assim, o processo de desgaste da liderança norte-americana no mundo, fundamental para a construção do ambiente pós-Segunda Guerra Mundial, na verdade, apenas se exacerbou durante o governo Bush, não somente pelas características deste próprio governo mas pelo impacto que os atentados de 11 de Setembro causaram na política norte-americana.

Dessa forma, em meio a um vazio de respostas no que diz respeito à segurança nacional, dado o fato de que o mecanismo clássico da Guerra Fria – a deterrência (ou dissuasão) – é incapaz de conter um ataque do "grande terrorismo", a saída para os Estados Unidos encontrar novamente o seu papel no ambiente internacional passa por um plano de contenção, não só do terror, mas também da deterioração do seu poder não-coercitivo. Tal estratégia seria capaz de colocar o país mais uma vez na posição de construir alianças internacionais em prol da resolução de um problema tipicamente global.

É nesse sentido que Walter defende uma frente de combate ao terror que inclua, entre outras coisas, um papel dos Estados Unidos no conflito israelense-palestino (fonte certa de antiamericanismo no mundo muçulmano) mais equilibrado e preocupado com as causas dos árabes; um comportamento pró-ativo do país no que diz respeito ao combate à pobreza (de uma forma que procure melhorar o acesso do pobre ao sistema capitalista e não que deseje paternalística e ineficientemente protegê-lo do mesmo); e uma ação estratégica de Washington em prol de reformas na representação dos países nas Nações Unidas (inclusive com o apoio à presença permanente do Brasil no Conselho de Segurança da ONU), bem como em favor do fortalecimento das organizações regionais.

Entretanto, as excelentes análises e sugestões do autor sobre as relações entre os Estados Unidos e o mundo contemporâneo não são o mais importante da obra. O que há de melhor – e mais raro atualmente, em especial no que tange a esse tema – é o fato do debate não se fechar junto com o livro, após a leitura da última página. Em meio a um mundo de perguntas e transformações, nada pior que a certeza.

INTRODUÇÃO

A CRISE NORTE-AMERICANA

NO FINAL DO VERÃO DE 2001, vi o filme *Pearl Harbor*. Diante da minha forma excêntrica de pensar, não foi nem a história de amor nem os espetaculares efeitos especiais que mais me impressionaram. Muito pelo contrário, pensei como deve ter sido terrível assistir a caixa de Pandora da guerra se abrir e saber, de repente, que o futuro tomou um rumo assustador. Também imaginei como os formuladores da política norte-americana devem ter se sentido – à medida que a mídia divulgava várias notícias sobre os ataques – ao perceber que suas falhas e negligências contribuíram para a exposição de seu país e de seus compatriotas a um perigo monstruoso.

Menos de um mês depois, pude entender melhor como este dia deve ter transcorrido. Enquanto fumaça e escombros ocupavam as ruas de Nova York, minha própria cidade, e eu assistia meus conterrâneos se arrastando como refugiados, manchados e cobertos de fuligem, sujos e cansados de um modo impossível de ser descrito, minha dor, raiva e choque se misturavam a sentimentos de vergonha e remorso. Mais uma vez, os norte-americanos foram surpreendidos por um ataque externo e, de novo, não conseguimos impedir o início de um novo capítulo terrível na história da guerra.

Os 12 anos entre a queda do muro de Berlim, em 1989, e os ataques de setembro de 2001 perderam sentido para a política externa norte-americana. De 9 de novembro de 1989, quando o muro foi derrubado, até 11 de setembro de 2001, três governos de dois partidos se iludiram em relação ao vigor das estruturas norte-americanas, mesmo que os impiedosos desafios impostos a estas estruturas tenham se formado fora do território nacional. Foi uma época bipartidária de narcisismo e excesso de confiança. Ignorando as complexidades do pioneiro livro de Francis Fukuyama, uma corrente de opiniões concluiu com entusiasmo que a história estava terminada e os Estados Unidos eram os vencedores. Acreditava-se que os Estados párias poderiam até nos atormentar de vez em quando, mas sérias ameaças de segurança não mais surgiriam e nossos aliados estavam ao nosso lado. Como não poderiam estar? Os Estados Unidos eram a maior potência militar do mundo e o porta-estandarte das ideologias democráticas e capitalistas triunfaram e arrasaram completamente os rivais comunistas.

Os conservadores costumavam usar expressões como a do "mundo unipolar" de Charles Krauthammer para descrever a nova era da política mundial; a secretária de Estado Madeleine Albright preferia chamar os Estados Unidos de a "nação indispensável". Em ambas as expressões, estava implícito que o país era o líder do sistema internacional e, em função disso, não enfrentava sérios nem poderosos desafios.

Evidentemente, havia perigos. Os democratas, por exemplo, se preocupavam com as conseqüências do unilateralismo republicano, que esvaziaria a boa vontade internacional com a resistência a iniciativas como o Protocolo de Kyoto e o Tribunal Penal Internacional. Para eles, tal comportamento poderia levar os Estados Unidos a desperdiçar a rara oportunidade de construir um sistema global com base no Direito. Os republicanos, por outro lado, não confiavam no sistema de segurança implementado pelos democratas, que, segundo eles, abriria a porta para um futuro desafio à supremacia norte-americana por parte da China. Além disso, nesse meio tempo, por não investirem em um sistema de defesa contra mísseis, os Estados párias munidos com armas nucleares teriam a oportunidade de chantagear os Estados Unidos.

Em ambos os casos, a preocupação era a de que ações ingênuas pudessem, em um momento futuro, ameaçar o projeto norte-americano. Ou seja, a política externa norte-americana estabelecida não previu que as estruturas e, na prática, o próprio país poderia enfrentar ataques perigosos em um espaço de tempo muito menor que o imaginado.

Quando Samuel Huntington alertou sobre um possível "choque de civilizações" e muitos outros consideraram a China uma ameaça em potencial, a maioria dos formuladores da política norte-americana durante esses anos perdidos defendeu que os Estados Unidos eram o único ator real no sistema internacional. Se agíssemos certo, os resultados seriam satisfatórios e nossos objetivos prevaleceriam. Portanto, o sistema internacional não era apenas unipolar; era monotelista – havia somente uma vontade efetiva operando no mundo, a dos Estados Unidos. Nós éramos tão poderosos que, uma vez definida nossas intenções, daríamos o comando e os outros nos acompanhariam. A maioria, extasiada com as belezas do nosso poder não-coercitivo[1], concordaria conosco espontaneamente. Outros relutariam, mas nossas outras formas de exercer o poder eram convincentes o suficiente para garantir a aquiescência, caso o não-coercitivo fracassasse.

No entanto, a situação real no mundo, cada vez mais explícita desde os atentados de 11 de Setembro, era bem diferente. Durante esses anos perdidos, o estado de ânimo e pensamento das periferias radicais do mundo islâmico formou um movimento de massa ambicioso e capaz de entrar em guerra contra os Estados Unidos e o sistema norte-americano. Com algumas exceções, nossas alianças mais fortes da época da Guerra Fria se desgastaram e se desintegraram. Logo após os ataques de setembro, alguns de nossos aliados mais antigos e próximos não só lamentaram a liderança norte-americana, como se opuseram ativamente contra ela. Além do círculo de aliados, as condições políticas internacionais também se voltaram rápida e radicalmente contra os Estados Unidos. Pesquisas de opinião, uma atrás da outra, indicavam a política norte-americana como a principal ameaça à paz mundial.

Poucos meses após o 11 de Setembro, a nação indispensável tornava-se a nação indefensável.

Não é que o governo Bush desnecessariamente se opusesse aos aliados considerados leais e amistosos. Isso de fato faz parte da história, mas, além disso, o período pós-11 de Setembro demonstrou claramente que o projeto norte-americano não era mais tão popular no mundo como antes. A França, nesse meio tempo, enfeitiçada por sua maior proeminência nas questões internacionais desde a rendição a Hitler, reuniu uma coalizão mundial de nações e regimes contra os Estados Unidos com um entusiasmo que não poderia ser negado nem mesmo explicado por meio dos desentendimentos sobre a postura com relação ao Iraque.

■

ESTE LIVRO FOI PUBLICADO em uma época em que os Estados Unidos estavam bastante divididos em relação ao significado dos ataques e como deveríamos reagir. O tempo, desde 11 de setembro de 2001, tem sido um tempo de crise internacional, na medida em que o país divergiu de alguns Estados, invadiu outros e se encontrou totalmente envolvido em difíceis campanhas de guerrilha, em cantos longínquos do mundo. Os conflitos sobre a política externa, os mais cruéis e complexos desde a era do Vietnã, têm abalado os Estados Unidos. E, ao mesmo tempo, os líderes norte-americanos afirmam que o país ainda permanece vulnerável ao terrorismo internacional em massa e que os inimigos, embora enfraquecidos, ainda desejam e detêm o poder de realizar ataques devastadores.

Desde os ataques, visitei vários países e conversei com diplomatas, jornalistas, estudantes, líderes nacionais e cidadãos comuns. Algumas vezes me apresentei como um visitante patrocinado pelo Departamento de Estado, não como representante do governo norte-americano ou de sua linha oficial, mas com o objetivo de tentar ajudar os estrangeiros a entender as mudanças na política externa e na sociedade – enquanto eu mesmo tentava compreender as reações deles no que diz respeito aos norte-americanos. Viajei também por conta própria – ora em turnês para divulgar livros, ora para estudar, ou de férias. Conversei com alguns inimigos dos Estados Unidos e com muitos aliados. Escutei e identifiquei uma combinação intensa e muitas vezes angustiante de compaixão, raiva, desconfiança e hostilidade em pessoas inteligentes e com discernimento de diferentes países ao contemplar a resposta do governo Bush ao 11 de Setembro. Também visitei muitos estados norte-americanos, onde discursei para platéias grandes e pequenas, me apresentei em programas de rádio com a participação de ouvintes, tomei parte em conferências com acadêmicos e especialistas, visitei faculdades e fiz o melhor para entender o que os norte-americanos pensam sobre a situação do mundo e desta nação constantemente preparada para o combate.

■

A SEGUIR ME ESFORÇO ao máximo para descrever que papel os Estados Unidos tentam desempenhar na sociedade internacional; por que os resultados foram tão negativos; o que o governo Bush tentou fazer, onde teve sucesso e onde fracassou e o que é preciso para colocar a política externa norte-americana no rumo certo. Começo com a idéia de que existe um projeto norte-americano – uma grandiosa visão estratégica para alcançar o que os Estados Unidos vislumbram para o mundo. Este projeto – de garantir a própria segurança interna enquanto tenta construir uma ordem mundial pacífica formada por Estados democráticos ligados por valores comuns, que compartilham uma mesma prosperidade – tem origens profundas no passado norte-americano. Em *Special Providence*[2], tentei mostrar como os muitos elementos desse projeto podem ser traçados em paralelo à história norte-americana, e como os constantes debates nacionais sobre como melhor definir e realizar esse projeto (ou se deve inclusive tentá-lo) moldaram tanto a história mundial como a norte-americana durante os dois últimos séculos. Quanto mais inflados os debates sobre a política externa depois dos ataques de 11 de Setembro, mais longa será a discussão nacional sobre a melhor forma de prosseguir com o projeto norte-americano sob circunstâncias extremamente dinâmicas. Mesmo quando o debate é mais intenso, a maioria dos norte-americanos mantém o apoio à idéia de que os Estados Unidos deveriam liderar o esforço de construir um mundo mais seguro, pacífico, próspero e democrático.

Não posso afirmar que este livro apresentará a solução final norte-americana às difíceis e inéditas questões impostas pela história. Mas espero que as minhas tentativas de elaborar as perguntas certas e esboçar as minhas melhores respostas incentivem e ajudem outros, enquanto a sociedade norte-americana se esforça para enfrentar o mais recente desafio de uma longa lista deles até a concretização do seu projeto nacional.

"Nunca se desculpe, nunca se explique" talvez seja um bom lema para heróis nas histórias ocidentais de aventura, mas não funciona tão bem para escritores, especialmente os de política externa norte-americana. Um livro como este precisa de porções generosas de desculpas e explicações. A política externa norte-americana talvez seja o assunto mais complexo hoje no mundo. A economia, a ciência política, a história, a filosofia da história, a cultura, a religião, a índole da natureza humana – a política externa norte-americana afeta todas elas. E apesar da matéria ser estudada de forma bastante detalhada por profissionais e acadêmicos, no fim das contas, será debatida e decidida por milhões de eleitores que não têm nem tempo nem provavelmente o perfil para se aprofundar em relatórios ou em longos textos acadêmicos.

Se ao tentar preencher o vácuo entre profissionais e o público leigo instruído, este livro algumas vezes afunda no rio em vez de atravessá-lo com elegância, espero que leitores em ambas as margens façam o melhor para suprir a fraqueza da minha apresentação com a generosidade de suas imaginações.

Na verdade, o abismo que este livro tenta transpor não separa só "especialistas bem-informados" de "pessoas leigas e desinformadas". A maioria de nós se alterna entre estes papéis. O economista competente talvez saiba menos sobre a história diplomática que o leitor leigo instruído; o advogado que atua no ambiente internacional não conhece quase nada de tática militar. E o especialista em história chinesa fica perdido quando os debates tratam do Brasil.

Vivemos em um mundo de especialistas, mas a política externa norte-americana requer generalistas. A estratégia nacional norte-americana tenta integrar a economia, a política, os estudos militares e muitos outros temas para criar e sustentar o sistema internacional. Para mim, somente um generalista pode escrever um livro sobre a política externa norte-americana como um sistema único e amplo; também é bem provável que tal livro apresente defeitos. Os generalistas cometem erros superficiais sobre muitos assuntos; os especialistas se equivocam com relação a poucos.

Se isso é mais uma explicação ou uma desculpa deixo para o leitor decidir, mas gostaria de acrescentar algo mais para apresentar meu livro e preparar o leitor para o que o aguarda.

Não comecei este livro do marco zero da política externa norte-americana; não tentei apresentar uma defesa moral e abrangente do projeto norte-americano no mundo. De modo geral, acho que os objetivos e métodos da política externa dos Estados Unidos, algumas vezes equivocados e muitas vezes questionáveis, estão razoavelmente em consonância com a felicidade e com o progresso da humanidade como um todo. Mas, ainda estou menos certo disso do que de outra verdade: a exclusão do sistema norte-americano do mundo traria mais angústia e perigo do que vislumbramos agora e a queda do poder dos EUA seria uma catástrofe não só para os norte-americanos, mas para bilhões de pessoas que vivem além de suas fronteiras, inclusive para muitos dos que odeiam esse país e o destruiriam se pudessem.

Por essas razões, escrevi este livro como um defensor do projeto norte-americano, e a finalidade da minha intervenção não é persuadir os norte-americanos de que devem ou podem fazer algo diferente e melhor no mundo, mas mostrar a eles melhores formas de alcançar objetivos que, do meu ponto de vista, dizem respeito à moral e à prática, tanto quanto se espera.

Percebo que há outras opiniões. A política externa norte-americana é, atualmente, ainda mais controversa que o normal. O debate nos Estados Unidos é vigoroso, mas a discussão internacional sobre o que é certo e errado na política externa norte-americana é a mais intensa dos últimos anos. Planejo participar desta discussão, mas não aqui. Este livro já está pronto.

A obra tem quatro partes. Na primeira, "O projeto norte-americano", examino a política externa norte-americana – qual tem sido a sua estratégia nacional. Em "A tempestade que se aproxima", na segunda, analiso as forças que, nos últimos 20 anos, têm questionado o poder norte-americano e preparado o cenário para uma nova era de confrontos e perigos mesmo enquanto a maior parte da população comemorava o final da história. Na terceira, "O renascimento em ação", observo as forças que moldam a política externa do governo Bush e analiso tanto a sua capacidade quanto os limites de atuação na política mundial e a guerra contra o terror. Na última seção, "O futuro da política externa norte-americana", descrevo as questões e atitudes que, para mim, deveriam influenciar a política externa dos Estados Unidos no futuro próximo.

I

O PROJETO NORTE-AMERICANO

1

NÃO EXISTEM ANJOS EM NOSSOS REDEMOINHOS DE VENTO

O CONCEITO DE GRANDE ESTRATÉGIA tem sua origem na obra do escritor militar alemão Carl von Clausewitz. A tática, dizia Clausewitz, é necessária para ganhar batalhas; a estratégia para vencer campanhas e guerras. Uma grande estratégia procura decidir em quais guerras participar. A tática é para generais e outros oficiais; já a estratégia é assunto dos quartéis militares em geral; e, por fim, a grande estratégia é administrada por ministros e reis.

Hoje não é mais assim. A visão de Clausewitz sobre liderança e estratégia data da imagem criada por Joseph Addison, em 1705, para descrever a liderança militar no poema "A Campanha", sobre a vitória do duque de Marlborough na batalha de Blenheim. Em sua obra, Addison ressalta um heroísmo profissional e organizacional, reflexo das novas realidades do mundo moderno. Os líderes não mais demonstravam sua coragem ao atuar em combates pessoais como os heróis de Homero, mas ao apresentar a habilidade de gerir, de forma puramente racional, eventos gigantescos. À medida que a batalha de Blenheim se alastrava, Addison escreveu que Marlborough:

Entre a confusão, o horror e o desespero,
Examinou todas as terríveis cenas da guerra:

Tranqüilamente, analisou o campo da morte,
Enviou a tempo a ajuda aos esquadrões inconscientes,
Influenciou batalhões enojados a se engajarem,
E ensinou ao combate onde se alastrar.
Portanto quando um anjo por ordem divina
Com tempestades que se erguem, sacode uma terra culpada,
Tal como as que abateram ultimamente a Grã-Bretanha,
Calmo e sereno ele conduz o golpe furioso;
E satisfaz as ordens do todo-poderoso,
De andar no redemoinho de vento e controlar a tempestade.[1]

Esta pode ter sido a forma de atuação em Blenheim e da equipe em geral da Prússia, mas não é assim que funciona nos Estados Unidos atualmente. Não há anjos em nosso redemoinho, ou seja, nenhum centro de inteligência orienta a organização da política externa norte-americana em um conjunto coerente. A sociedade civil norte-americana é maior, mais dinâmica e de alcance mais global do que tudo o que Clausewitz viu na Alemanha. Além disso, os líderes norte-americanos são mais fracos que a elite que governou a Alemanha nos tempos de Bismarck e do autor alemão. A grande estratégia de Clausewitz requer um raciocínio de longo prazo; já os funcionários do governo norte-americano são condenados, em virtude da realidade da política nacional, ao raciocínio de curto prazo associado aos ciclos eleitorais e, no caso dos presidentes, à lei que permite somente uma reeleição consecutiva. A grande estratégia convencional de Clausewitz também requer uma orientação central. Um Bismarck podia ignorar o Reichstag alemão e, diante de seus 38 anos no poder, primeiro na Prússia e depois no Império Germânico, subordinar a burocracia a sua própria vontade. Nenhum presidente norte-americano, muito menos secretário de Estado, conseguiu esse tipo de poder. E há o Congresso, um conjunto de redemoinhos no qual os anjos são particularmente raros, composto de duas câmaras, cada qual com suas próprias regras, procedimentos e comitês poderosos, os quais invejam os seus próprios poderes e estão ávidos por controlar os presidentes e impor as (muitas vezes conflitantes) visões de seus enérgicos membros e eleitorados sobre a política externa norte-americana.

As inconstantes concepções da opinião pública estabelecem e redefinem as fronteiras do que é possível para os funcionários do governo. Quando um presidente norte-americano apresenta boa aceitação nas pesquisas de opinião, ele pode desafiar o Congresso e impor a sua vontade sobre o processo; no entanto, quando o índice das pesquisas cai, o mesmo acontece com seu poder em Washington. Conseqüentemente, a política externa norte-americana reflete a tendência dos impulsos e interesses, das convicções e dos desejos semiconscientes de um grande número de pessoas. É um shopping, não uma butique – uma conglomeração de varejistas, às vezes, em competição, que oferece uma ampla variedade de produtos a um grupo diversificado de consumidores de todas as raças e classes em vez de uma única loja com uma estratégia específica voltada para um número limitado de artigos cuidadosamente selecionados para um mercado restrito. Ninguém quer ter tudo no shopping e todos consideram algumas das mercadorias em exibição simplesmente horríveis, mas a maior parte das pessoas pode encontrar algo que goste.

A política externa do governo norte-americano é, contudo, somente parte de um empreendimento mais amplo e influente: a política externa do povo norte-americano. Bilhões de borboletas batem suas asas para formar esta poderosa tempestade. Há o mundo dos negócios, que inclui tudo, de mercearias de esquina até corporações gigantes atuantes em todo o mundo e com rendimentos anuais maiores que os de muitos Estados-membros das Nações Unidas. Há também os vários tipos de mídia – das redes de televisão à esfera dos blogs –, e há os comentaristas, editores, proprietários e repórteres na mídia, cada um procurando uma forma particular de ver e moldar a política externa norte-americana. Há também os sindicatos, as organizações étnicas, as câmaras de comércio, as igrejas, as sinagogas, os grupos lobistas dos direitos humanos, as instituições ambientais, os militantes contra o trabalho forçado, fundações, organizações de ajuda humanitária e vários outros tipos de associações, muitas vezes com agendas conflitantes. Todos desejam influenciar a política externa do governo norte-americano no que diz respeito a várias questões com diversos graus de intensidade e compromisso; em muitos casos, eles também executam políticas externas por conta própria. Geralmente, estas políticas externas particulares são realizadas para se contrapor a políticas oficiais do governo norte-americano. O que quer que o governo esteja fazendo, norte-americanos de descendência croata apóiam os esforços da Croácia para que uma nação independente prospere. Governadores de estados rurais norte-americanos visitaram, informalmente, Fidel Castro, com a esperança de abrir novos mercados para a sua produção agrícola e para tentar aumentar também a brecha do embargo norte-americano contra a ilha comunista. Corporações norte-americanas procuram mudar as políticas comerciais de países estrangeiros. O movimento trabalhista norte-americano tem uma rede abrangente de relações com programas semelhantes em outros países. George Soros, por exemplo, criou o Instituto da Sociedade Aberta, em parte para mudar a forma como países da Europa Central ou do Leste eram governados durante a transição para o capitalismo. Grupos ambientalistas norte-americanos, às vezes em associação com movimentos estrangeiros, pressionam outros países a controlar pesticidas e poluentes, proteger espécies ameaçadas e acabar com a caça das baleias e com a destruição das florestas tropicais.

Todos os esforços realizados por teóricos políticos, lobistas e organizações civis são tentativas cuja intenção é mudar o mundo, mas o principal impacto dos Estados Unidos sobre o resto do globo origina-se, freqüentemente, de atividades nas quais não há um propósito claro de afetar os demais países. Os norte-americanos se preocupam com os seus próprios negócios, se permitem pensar sobre isso e, dificilmente, consideram as possíveis conseqüências de suas escolhas sobre os outros. Os administradores de um fundo de pensão norte-americano, focados no bem-estar financeiro de seus beneficiários, podem deflagrar uma crise em algum país estratégico ao decidir que seus títulos não são mais um investimento seguro. Se os consumidores dos Estados Unidos decidirem que uma fibra sintética torna um colete mais atraente do que a fibra natural, é provável que ocorram sérias conseqüências políticas e econômicas no exterior. Se o mercado de capitais nos EUA se tornar mais eficiente, distribuindo o capital de forma mais efetiva para que a média do rendimento aumente, outros países, rapidamente, se sentirão pressionados a implementar mudanças similares em seus próprios sistemas de alocação. Se uma técnica de revenda poderosa, como franquear frango frito ou cadeias de hambúrgueres *fast food*, se populariza nos Estados Unidos, então as cadeias terão interesses e *know-how* para mudar os hábitos de alimentação e os padrões de comercialização internacionalmente. O desenvolvimento de novos softwares ou de um sistema como a Internet transformará a forma de fazer negócios em todo o mundo. Abrir as portas para as mulheres na educação superior, em uma variedade de profissões e nos negócios, nos Estados Unidos, cria todo o tipo de pressão em outras sociedades, colocando o feminismo na agenda de diferentes países, tornando também o ambiente de negócios mais difícil e competitivo, porque as mulheres são os mais novos atores com direito a participar do jogo.

Em suma, porque os Estados Unidos são uma força econômica tão poderosa no mundo e porque se comprometeram a deixar o capitalismo e as iniciativas de livre mercado se desenvolverem relativamente sem a influência da regulação governamental, as atitudes norte-americanas implicam no estabelecimento da agenda econômica da maioria dos países. Consumidores, empresas e governos estrangeiros devem viver num sistema capitalista mundial cujo ritmo e intensidade são, em grande medida, (embora não inteira ou exclusivamente) ditados por inovações testadas e decisões tomadas nos Estados Unidos.

Por fim, a grande estratégia norte-americana tem ainda uma outra característica que incomodaria Clausewitz: uma dimensão messiânica. Durante muitas gerações, a maioria dos norte-americanos acreditou que a sua sociedade era perfeita naquelas circunstâncias e que o resto do mundo ficaria melhor ao se igualar aos Estados Unidos. Desde o início da história dos EUA, missionários e outros tipos semelhantes morreram ao tentar ajudar os estrangeiros a compreender melhor essa idéia. Mas o complexo nacional de messias alcançou um nível extremo com a invenção das armas nucleares. Diante da possibilidade de uma guerra nuclear, ou do uso de novos tipos de armas de destruição em massa, que ameaçam a continuidade da civilização humana, inclusive da vida, o projeto norte-americano de construção da ordem mundial é considerado, nos Estados Unidos, cada vez mais uma questão de vida ou morte para toda a humanidade. Aqueles que apóiam essa teoria, acreditam que não se pode repetir o passado, ignorando a realidade e permitindo que nações e civilizações continuem duelando pela supremacia sem levar em consideração o custo do sofrimento humano. No entanto, não é possível entender nem o debate da política externa norte-americana nem as paixões geradas por ele em uma sociedade democrática sem antes compreender as principais crenças pelas quais tantos norte-americanos acreditam lutar.

Em parte por desempenhar um papel no sistema internacional tão complexo e quase nada sujeito ao controle consciente de qualquer indivíduo, quando os norte-americanos discutem política externa, em geral focam em assuntos específicos em detrimento da missão dos Estados Unidos no mundo. Debatem, freqüentemente, a política comercial, a guerra no Iraque, o papel do Conselho de Segurança da ONU, mas, raramente, se concentram na formação da estrutura fundamental da política mundial norte-americana como um todo. No entanto, já há sinais de mudança nesse sentido. Após o 11 de Setembro, somado ao debate sobre a Segunda Guerra do Golfo, os norte-americanos começaram a perceber uma discussão nacional sobre o compromisso com o resto do mundo. A controvérsia a respeito da política externa da administração Bush foi envolvida – como deveria ter sido – num debate muito mais amplo sobre o que chamo de o projeto norte-americano: o impacto geral da sociedade norte-americana (incluindo o governo) sobre o resto do mundo.

O fato de não ter um Bismarck conduzindo o destino nacional década após década não significa que o compromisso norte-americano com o mundo não apresente um modelo. Não vivemos em um mundo tolstoiano, onde líderes e intenções individuais não têm relevância. A política depende de quem é o presidente: se Theodore Roosevelt e não Woodrow Wilson fosse o presidente quando a Primeira Guerra Mundial começou, as histórias mundial e norte-americana talvez tivessem assumido uma feição diferente. As idéias também influenciam. Sem o neoconservadorismo, George W. Bush talvez optasse dentre um conjunto diverso de opções. A questão não é que os indivíduos e suas idéias não importem, mas que tantos indivíduos e idéias influenciem a política externa norte-americana e, no fim, o que os Estados Unidos realizam é, em geral, maior e mais complexo que o alcance de qualquer pretensão ou compreensão humana.

Mais que isso, durante este longo período, a política externa norte-americana não significou apenas um movimento aleatório – 280 milhões de macacos digitando acaloradamente em 280 milhões de teclados. Talvez não exista um anjo no redemoinho, mas a dinâmica com certeza não é aleatória. Com o tempo, é possível identificar padrões e estruturas nos contatos estabelecidos entre os norte-americanos e o mundo – tanto na política externa do governo quanto no engajamento mais intenso da nação como um todo. Os interesses econômicos e de segurança têm uma forma de se expressar, e a sociedade norte-americana tenta, persistentemente, divulgar certos valores e idéias por meio de sua interação com o resto do mundo.

Isso significa que nossa grande estratégia não pode ser lida em documentos nem em discursos, mesmo aqueles elaborados por funcionários públicos mais experientes. Estes escritos exprimem intenções e esperanças, mas raros são os momentos em que descrevem, sempre superficialmente, como os Estados Unidos de fato agirão em uma determinada situação. A grande estratégia dos

Estados Unidos deve ser inferida do nosso passado – um processo de aprendizado histórico e de raciocínio dedutivo, esforçando-nos ao máximo para associar os pontos e identificar as figuras finais. Uma vez que a política externa norte-americana é determinada por muitas forças concorrentes, com agendas quase sempre contraditórias e detentoras de poderes diferenciados capazes de afetar questões diversas, estas conclusões sempre serão um pouco confusas e nunca será possível solucionar de todo as controvérsias a respeito do que os Estados Unidos realmente fizeram ou planejaram em um momento particular no passado.

Deixar de analisar o histórico da grande estratégia norte-americana para refletir sobre o que ela pode ou deve se tornar é enfrentar a incerteza. Se a política externa dos Estados Unidos é influenciada em parte por forças econômicas e sociais da sociedade norte-americana, além do controle dos governos e formuladores da política, uma reflexão sobre a grande estratégia norte-americana deve ser necessariamente uma visão sobre a tendência da sociedade norte-americana, ou seja, para onde aponta o desenvolvimento social, cultural, religioso, tecnológico e econômico desta. A isso devemos acrescentar um enfoque sobre como o resto do mundo está mudando – como um todo, e em diferentes regiões do interesse norte-americano. Os norte-americanos apreciam ou não as formas como vários elementos da sociedade global estão evoluindo, e o que pensam ser possível fazer para fomentar as mudanças que os agradam e retardar as que não os satisfazem?

Se posso concluir algo a partir dos meus estudos em história norte-americana é que não importa o que eu ou qualquer outro aluno escreva, nunca chegaremos a "política externa perfeita" capaz de refletir sobre um projeto superior único, que defina o papel norte-americano neste mundo. Ninguém, nem a Human Rights Watch, nem o presidente da Halliburton, nem mesmo a comissão editorial da revista *Weekly Standard*, passará para o banco do motorista e agirá como o anjo de Addison que "satisfazia as ordens do todo-poderoso de andar no redemoinho e conduzir a tempestade".

Pelo menos, não durante muito tempo. Sempre haverá contradições, tensões e compromissos difíceis nas atitudes norte-americanas. No geral, considero este aspecto positivo. O mundo é um local confuso e os Estados Unidos são uma sociedade complexa. Sendo assim, os EUA talvez precisem de uma política externa complexa; e certamente a têm.

2

A CONFIGURAÇÃO DO PODER NORTE-AMERICANO

QUANDO SE OLHA PARA TRÁS e se pensa sobre a história norte-americana, o fato mais impressionante talvez seja que os Estados Unidos, desde a sua fundação, são um ator poderoso no sistema internacional. Nem sempre foram uma superpotência capaz de enviar grandes frotas e exércitos para todos os cantos do globo, mas sempre ficaram de olho na evolução do sistema internacional, e os militares norte-americanos têm participado em missões globais desde os primeiros anos da República. Nem sempre foram a maior potência econômica do mundo, muito menos desempenharam o papel mais importante na evolução do sistema econômico e comercial do globo. No entanto, na maioria das vezes, incentivaram ações globais a fim de promover a integração econômica, apesar de não abrir mão de proteger os produtores nacionais de uma competição externa "desleal". No campo das idéias, os investimentos norte-americanos também têm sido globais. Assim como o poeta Longfellow afirmou sobre o primeiro tiro da Revolução Norte-Americana: "o disparo ouvido em todo o mundo", os norte-americanos acreditam, desde a fundação do Estado, que tanto os seus valores religiosos quanto os políticos devem prevalecer em todo o planeta.

Por quê? Historicamente, as ameaças de segurança e os interesses comerciais nos forçaram a pensar de modo global. Os britânicos navegaram o Atlântico para incendiar Washington; os japoneses voaram sob o Pacífico para bombardear Pearl Harbour. O comércio com a Ásia e com a Europa, assim como no próprio hemisfério americano, permanece vital para a prosperidade dos Estados Unidos. Os proveitos comerciais em todo o mundo criaram vulnerabilidades internacionais e interesses de segurança. Thomas Jefferson enviou a Marinha ao Mediterrâneo contra os piratas bárbaros para proteger os negócios norte-americanos. O comandante da Marinha Perry tornou o Japão acessível em parte para garantir um tratamento decente aos sobreviventes das embarcações norte-americanas pescadoras de baleias afundadas em suas margens. Os últimos tiros disparados na Guerra Civil foram em um ataque surpresa de um navio comercial confederado contra a frota mercante da União nas águas remotas do Pacífico Norte.

A natureza global dos interesses norte-americanos leva ao segundo fato mais notável sobre a política externa dos Estados Unidos ao longo de sua história: a relação com a Grã-Bretanha, a outra potência importante, cujas ações repercutiram globalmente por toda a história moderna. Os Estados Unidos surgiram como parte do sistema imperialista britânico e, durante a maior parte de sua história, o relacionamento com este sistema foi o maior desafio de política externa jamais enfrentado. Até a Segunda Guerra Mundial, a Grã-Bretanha foi o principal mercado para os produtos de exportação norte-americanos; seus mercadores e fabricantes eram os maiores e mais poderosos rivais dos norte-americanos em todo o mundo. Sendo assim, para eles, o Império Britânico ocupou uma posição hegemônica no sistema internacional durante a maior parte da história. É certo que a América tinha mais aspectos em comum com a Grã-Bretanha do que com qualquer outro país, e somente os britânicos compartilhavam dos interesses norte-americanos na ordem mundial. Por outro lado, nesta mesma época, a Grã-Bretanha representou a maior ameaça internacional aos Estados Unidos, capaz de frustrar suas ambições comerciais e territoriais.

No final, os Estados Unidos conseguiram um acordo bem satisfatório. A Grã-Bretanha estabeleceu uma ordem mundial, na qual os norte-americanos puderam aproveitar os benefícios sem pagar os custos. A Marinha Britânica era maior que a norte-americana e foram eles, não os Estados Unidos, que lutaram em desagradáveis guerras coloniais e conseguiram manter a balança de poder na Europa. A partir da metade do século XIX, após a Grã-Bretanha adotar a idéia do livre comércio, os norte-americanos puderam negociar em todo o império britânico. Dessa forma, os mercados financeiros de Londres forneceram a maior parte do capital, que possibilitou o crescimento da indústria nos EUA.

No século XX, à medida que o sistema britânico decaía, a principal questão da política externa norte-americana se tornou definir as ações perante esta nova realidade. Aparentemente, havia três alternativas possíveis: poderia tentar ajudar o Império Britânico a retornar a posição hegemônica; poderia ignorar o problema da ordem mundial e deixar o mundo cuidar de seus assuntos enquanto lidava com os próprios; ou poderia substituir a Grã-Bretanha e assumir o trabalho custoso e sujo. Entre o início da Primeira Guerra Mundial e o começo da Guerra Fria, os Estados Unidos experimentaram as três possibilidades. No final, após tudo ter falhado, assumiram a posição da Grã-Bretanha e construíram uma versão própria do sistema mundial britânico, no qual não seriam o policial do mundo como a Grã-Bretanha, mas, no mínimo, o giroscópio da ordem mundial. Nesse momento, ocorreram, nos Estados Unidos, muitos debates entusiasmados e agressivos sobre se o país deveria assumir esta tarefa custosa e perigosa, mas prevaleceu a opinião de que não havia outra alternativa.

E não parou por aí. Durante o longo e sangrento século XX – período considerado sob muitos aspectos um dos mais traumáticos e bárbaros de toda a história –, ficou muito claro que os Estados Unidos não poderiam ser somente uma outra grande potência disputando os antigos jogos de poder com rivais e aliados. Tal competição levou à guerra, e a guerra entre os grandes Estados poderosos não era mais aceitável no novo sistema internacional. Os norte-americanos substituíram a Grã-Bretanha em um momento no qual as regras do jogo mudavam definitivamente. Os Estados Unidos tinham a missão de tentar algo que nenhuma outra nação havia realizado – algo que muitos teóricos das relações internacionais juravam ser impossível.

Talvez fosse, mas os Estados Unidos precisariam fazer mais do que apenas construir o próximo grande império nesta longa história de sucessão. O anseio era estabelecer um sistema capaz de, no mínimo, impor um fim a milhões de anos de conflitos entre potências. Em outras palavras, era conceber uma estrutura de poder que traria algum tipo de paz duradoura ao mundo – de forma a repetir em escala global o tipo de administração que os antigos reinos do Egito, China e Roma realizaram em escala regional.

Para complicar ainda mais, não conseguiríamos utilizar alguns dos métodos usados pelos romanos e outros. Reduzir os outros países e civilizações da sociedade internacional ao status de províncias tributárias estava além de qualquer capacidade militar dos Estados Unidos e o próprio povo norte-americano não tinha sequer o dom nem o desejo de governar o mundo desta forma. Nesse sentido, os Estados Unidos foram obrigados a inventar novas formas de associações e a desenvolver um nova estrutura, na qual Estados soberanos são capazes de coexistir num mundo, onde armas de destruição em massa, rivalidades e hostilidades entre religiões, raças, culturas e Estados são parte da realidade.

Em *O paradoxo do poder americano*, Joseph Nye lançou uma importante discussão sobre as variedades de poder que os Estados Unidos exercem para lidar com a tarefa de estabelecer a ordem mundial.[1] O autor se concentrou na diferença entre dois tipos de poder: coercivo e não-coercivo.[2] Em sua análise, o poder coercivo (militar e econômico) funciona porque pode forçar as pessoas a agirem da forma que você deseja. O poder não-coercivo – cultural, pelo exemplo e aquele das idéias e dos ideais – é mais sutil: impulsiona os outros a desejarem o que você quer. No caso da ordem mundial americana, o poder não-coercivo preserva o sistema, porque influencia os outros países a gostarem da administração norte-americana e apoiá-la por livre-arbítrio.

Estas são distinções úteis e a abordagem de Nye permanecerá por um bom tempo nas discussões sobre a política norte-americana, mas podemos ir um pouco mais a fundo. O poder coercivo de Nye inclui dois tipos bem distintos: o militar e o econômico. O poder militar talvez possa ser chamado de vigoroso[3]: se tentar resistir, sentirá as pontas afiadas das baionetas te empurrando na direção que você deve ir. O poder econômico é o pegajoso[4]; seduz tanto quanto coage. O conceito de Nye de poder não-coercivo também pode ser dividido de forma proveitosa em dois elementos: o poder encantador[5] da política norte-americana, dos seus valores e da sua cultura para diferentes públicos estrangeiros, e aquele no qual, seguindo o filósofo marxista italiano Antonio Gramsci, Nye se refere como "o poder de definir a agenda e determinar a estrutura do debate". No que diz respeito ao próprio Gramsci, este poder é chamado de hegemônico. O poder hegemônico precisa ser diferenciado do tipo encantador por ser mais coercivo que o poder simples de nossas idéias e porque, pelo menos no caso do sistema norte-americano, o poder hegemônico se origina, principalmente, da interação entre o poder vigoroso, o pegajoso e o encantador dos Estados Unidos. O poder militar vigoroso funciona como uma sólida base para o sistema norte-americano. O pegajoso – um conjunto de políticas e instituições econômicas – atrai os outros países para dentro e dificulta o abandono do sistema. O poder encantador – valores, idéias e políticas inerentes ao sistema construído – consegue manter os Estados soberanos satisfeitos, e, por fim, o poder hegemônico, capaz de tornar o sistema mundial norte-americano – historicamente considerado a ordem mais artificial e arbitrária desde a Segunda Guerra Mundial – algo como uma estrutura natural, desejável, inevitável e permanente. Assim, pelo menos, os norte-americanos esperam.

O PODER VIGOROSO

O poder vigoroso, muito prático e nada sentimental, se refere à capacidade militar. A política militar norte-americana segue regras que seriam facilmente compreendidas por hititas[6] ou pelo Império Romano. Uma vez que o poder militar é representado por uma instituição, cuja estrutura de comando é semelhante às monarquias do mundo antigo – o presidente, após consultar a Junta de chefes do Estado-maior, emite ordens que são obedecidas pelos militares –, neste ponto, a prática política se aproxima de algo que Clausewitz possivelmente reconheceria e talvez mesmo aprovasse.

Segurança se garante primeiro em casa. Nesse sentido, desde a proclamação da Doutrina Monroe em 1823, o princípio fundamental da política de segurança norte-americana é manter as forças asiáticas e européias longe do hemisfério ocidental.[7] Se dependesse dos norte-americanos, esta metade do mundo não seria governada segundo o antigo estilo europeu. Teoricamente, não haveria intrigas entre as grandes potências, nem alianças intercontinentais e, à medida que os Estados Unidos se tornassem mais fortes e capazes de insistir em um caminho próprio, nem mesmo bases militares européias ou asiáticas de Point Barrow, no Alasca, até a extremidade Sul de Cape Horn. De tempos em tempos, vizinhos desagradáveis têm ressentido o monopólio norte-americano do poder, mas isso não abala a resolução do país de ser o responsável – no mínimo no campo militar – pelo que acredita ser a sua própria casa.

Aos poucos, os norte-americanos começaram a achar que a sua segurança interna também depende do estado da Eurásia, principalmente, das partes extremas ocidentais e orientais do vasto supercontinente entre o mar de Bering e Gibraltar, onde mais da metade da população mundial mora. Assim como os britânicos, durante o imperialismo, os norte-americanos acreditam que se um poder único (sem que sejam os Estados Unidos o próprio poder único porque, claro, a pátria aos norte-americanos é confiável) conquista alguma destas regiões, este, provavelmente, passa a acumular recursos e motivos para desafiar a ordem norte-americana e ameaçar os Estados Unidos em casa.

Os formuladores da política de segurança norte-americana também ficaram atentos às rotas aéreas e marítimas. Em tempos de paz, tais trajetos são vitais para a prosperidade dos Estados Unidos e para a de seus aliados; em momentos de guerra é necessário controlar essas passagens tanto por ar quanto por mar para dar apoio aos aliados e oferecer ajuda militar para outros continentes. Em ambas as guerras mundiais, a Grã-Bretanha foi quase derrotada pelos submarinos alemães; no mundo atual o risco é ainda maior, por causa dos mercados integrados e das redes de produção distribuídas globalmente, ou seja, qualquer interrupção nos fluxos de comércio seria catastrófica. Durante 60 anos não houve um debate sério nos Estados Unidos sobre a falta de competidores da Marinha e da Força Aérea norte-americana; as únicas discussões foram sobre a margem de superioridade necessária para garantir o comércio e a habilidade de intervir em áreas estratégicas problemáticas.

Finalmente e de forma inevitável, os Estados Unidos vêem o Oriente Médio como um local de preocupação vital, em parte porque quer garantir o fornecimento de petróleo, mas há também outras razões. Do ponto de vista norte-americano, há dois perigos potenciais na região. Primeiro, algumas forças externas (como a União Soviética durante a Guerra Fria) podem tentar controlar o petróleo árabe ou, no mínimo, interferir no suprimento de energia garantido aos Estados Unidos e seus aliados. Uma outra hipótese é um país do Oriente Médio se apoderar da região e tentar fazer o mesmo. O Egito[8], o Irã[9], e mais recentemente, o Iraque[10] tentaram mas, graças em boa parte à política norte-americana, fracassaram.

De uma certa forma, as ameaças atuais feitas por Osama bin Laden e seus seguidores são muito semelhantes a outros desafios que os Estados Unidos enfrentaram nesta área durante os últimos 60 anos. Os partidários de Bin Laden e seus aliados querem expulsar os Estados Unidos da região e construir um Estado teocrático unificado capaz de controlar os recursos de petróleo do Oriente

Médio muçulmano. Assim, eles acumulariam o poder necessário para consolidar uma ditadura, aumentar sua influência por todo o mundo muçulmano e promover a sua ideologia e o seu poder em escala global. O regime talibã no Afeganistão foi, até agora, o único exemplo no mundo de como um governo seria sob a influência de Bin Laden – e foi um exemplo terrível. Internamente, o Estado talibã foi marcado pela estagnação econômica, opressão política e pelo tenebroso tratamento dado às mulheres. Internacionalmente, o país se tornou uma ameaça à paz e à segurança do resto do mundo, com um número crescente de terroristas treinados e equipados. A transformação do Oriente Médio neste tipo de campo teocrático de terror, com os recursos de sua riqueza petrolífera disponíveis para a aquisição, o desenvolvimento e a disseminação de armas de destruição em massa, é totalmente inaceitável para os Estados Unidos que, portanto, deve resistir a todo custo.

NA ÁSIA, NA EUROPA e no Oriente Médio, os Estados Unidos mantêm um sistema de alianças e bases a fim de promover a estabilidade em uma região sensível. No total, o país tem pouco mais de 250 mil militares uniformizados situados permanentemente fora de suas fronteiras; cerca de 43% estão em território da OTAN e 32% no Japão e na Coréia.[11] Além disso, os Estados Unidos têm a capacidade de transportar forças significativas para esses locais e para o Oriente Médio, caso haja um aumento de tensões. Para completar, os norte-americanos mantêm também o controle das rotas marítimas e de corredores aéreos necessários à segurança de suas bases de frente.

Como parte desta grande estratégia militar, os Estados Unidos apresentam as mais ampla organização de inspeção eletrônica e de espionagem do mundo. Estimado em exceder 30 bilhões de dólares este ano, o orçamento do serviço secreto norte-americano é maior que o total reservado para gastos militares da Alemanha, da França e da Arábia Saudita.[12]

Com o tempo, houve mudanças marcantes no raciocínio estratégico norte-americano com relação à necessidade de sobrepujar a superioridade militar como principal garantia para a segurança nacional. Isso acontece em parte pelas razões óbvias de mais segurança, mas também porque a supremacia pode ter um importante efeito dissuasor. Ou seja, se os EUA alcançarem tal grau de supremacia militar, a ponto que uma postura desafiante pareça inútil, outros Estados podem desistir de tentar. A competição por segurança é cara e perigosa. Estabelecer uma supremacia militar opressiva além de deter o avanço de inimigos potenciais em um ataque militar, pode desestimular outros poderes a tentar alcançar a escalada norte-americana. A longo prazo, isso poderá ser mais barato e seguro do que tentar manter a pequena liderança frente ao resto do grupo – no mínimo, é isso o que os defensores desta política sustentam.

O PODER PEGAJOSO

O poder econômico ou pegajoso é um pouco diferente. Não se baseia na coerção militar, mas também não se fundamenta numa simples coincidência de vontades. A planta carnívora seduz sua presa através de um tipo de poder não-coercivo – um aroma agradável que atrai insetos para a sua seiva. Mas uma vez que a vítima tenha tocado a seiva, fica paralisada; não pode escapar. Este é o poder pegajoso e é assim que o poder econômico funciona – um tipo de poder, no qual tanto os Estados Unidos quanto o Império Britânico se especializaram.

Tanto a Grã-Bretanha quanto os Estados Unidos construíram sistemas econômicos globais que atraíram outros países. No caso da Grã-Bretanha, os Estados Unidos se interessaram em participar do sistema de comércio e investimento britânico durante o século XIX. Os norte-americanos tiraram proveito da permissão de negociar livremente por todo o Império Britânico, e pensaram duas vezes – e mais de duas vezes – sobre fazer escolhas de política externa que excluíssem o investimento britânico nos

Estados Unidos, ou interrompessem o acesso dos produtos norte-americanos aos mercados britânicos. O comércio exterior dos Estados Unidos era de alguma forma refém da Marinha Britânica – o país podia negociar livremente com o mundo enquanto mantivesse a amizade da Grã-Bretanha, mas o rompimento desta relação significaria um colapso financeiro.

Nesse contexto, sempre houve um forte lobby nos Estados Unidos de oposição a uma guerra contra a Grã-Bretanha. A Nova Inglaterra, por exemplo, por causa da dependência do comércio, quase se separou dos Estados Unidos durante a guerra de 1812, e, em todas as crises nas relações anglo-americanas ocorridas durante o turbulento século seguinte, a Inglaterra pôde contar com um forte lobby a favor da paz feito por comerciantes, banqueiros e investidores que ficariam arruinados com um conflito entre os dois Estados rivais de língua inglesa.

A experiência da Alemanha na Primeira Guerra Mundial também mostra como um sistema de poder pegajoso pode agir como uma arma. Durante os longos anos de paz antes da guerra, a Alemanha foi atraída para o sistema de comércio mundial britânico e sua economia tornou-se totalmente dependente do intercâmbio.

■

A INDÚSTRIA PRECISAVA de matéria-prima importada. Os produtores sobreviviam à custa dos mercados externos. O trigo e a carne eram importados do Novo Mundo, onde as vastas e férteis planícies dos Estados Unidos e dos pampas da América do Sul produziam alimentos mais baratos que a agricultura alemã em seu próprio país. Em 1911, a interdependência econômica era tão grande que muitos teóricos, inclusive Norman Angell, autor de *A grande ilusão*, pensaram que em função de as guerras terem se tornado tão caras, a época dos conflitos armados havia terminado.[13]

Não exatamente. O poder pegajoso não conseguiu evitar a Primeira Guerra Mundial, mas foi vital para a vitória da Grã-Bretanha. Assim que a guerra teve início, a Grã-Bretanha interceptou o comércio mundial do qual a Alemanha dependia, enquanto os britânicos e seus aliados, graças à Marinha Real, mantiveram o acesso ao resto dos produtos no mundo. Durante toda a guerra, faltaram materiais básicos e alimentos na Alemanha, sendo que durante o inverno de 1917 a 1918, os alemães enfrentaram sérias dificuldades por causa da fome. Nesse meio tempo, a fim de igualar as diferenças, a Alemanha tentou impedir o acesso dos aliados aos mercados mundiais por meio das campanhas com submarinos no Atlântico Norte. Isso levou os Estados Unidos à guerra em um momento no qual mais nada poderia ter salvo a causa aliada. Em seguida, no outono de 1918, o orgulho moral das forças armadas alemães e dos civis, prejudicados pela falta de estoque, desmoronou. Isso e não a derrota militar forçou a liderança alemã a pedir um armistício.

Atualmente, os formuladores da política norte-americana esperam que o poder pegajoso seja capaz de impedir qualquer conflito com a China. À medida que se desenvolve economicamente, a China enriquece, tendendo num futuro próximo apresentar forças armadas tão potentes quanto as norte-americanas; além de estar influindo também e cada vez mais na política mundial. Alguns na China e nos Estados Unidos acreditam que as leis da história indicam que a ascensão do poder chinês se chocará, no futuro, com o dominante poder norte-americano.

No entanto, o poder pegajoso oferece uma saída, e uma das prioridades da política externa dos Estados Unidos atual é garantir que a integração à economia global seja interessante o suficiente para atrair a China para o sistema. Até o momento, há indícios de que isso está funcionando. A participação da China no sistema econômico global contribuiu para o período de mais prosperidade e crescimento da longa história chinesa. Vale ressaltar que, entre 1976 e 2003, a economia do país cresceu de 106 bilhões para mais de 1,3 trilhão de dólares – além disso, mais de 450 bilhões em capital norte-americano foram investidos na China durante estes anos.[14] Tudo isso tornou a China uma potência muito mais forte e autoconfiante, cuja voz no mundo dos negócios não pode ser ignorada. Ao mesmo tempo, a China precisa hoje, mais que nunca, manter boas relações com os Estados Unidos, uma vez que depende cada vez mais das importações e exportações para manter sua economia (e sua máquina militar) em funcionamento. E, nesse sentido, hostilidades entre ambos os países enfraqueceriam o sistema financeiro chinês, privariam suas indústrias de seus melhores consumidores e proibiriam a China de importar matérias-primas essenciais como petróleo e outros produtos estratégicos.

Dessa forma, o poder pegajoso funciona em ambas as direções. Se por um lado a China não pode arcar com os custos de uma guerra contra os Estados Unidos, por outro os norte-americanos enfrentarão sérias dificuldades ao romper as relações comerciais com a China. Em uma era em que armas de destruição em massa são realidade, essa situação talvez seja positiva para ambos os lados. Veremos. O poder pegajoso não impediu a Primeira Guerra Mundial, mas a interdependência econômica é muito mais intensa hoje e espera-se que o conflito "inevitável" entre os Estados Unidos e a China nunca ocorra.

Portanto, o poder pegajoso é fundamental para o projeto norte-americano por duas razões: ajuda a impedir a guerra, e, caso ela aconteça, ajuda os Estados Unidos a vencê-la. O antigo sistema da Grã-Bretanha nunca se recuperou dos prejuízos decorrentes da Primeira Guerra Mundial, e, diante do colapso do poder mundial britânico, durante e após a Segunda Guerra Mundial, os norte-americanos perceberam que era necessário organizar o sistema econômico global assim como assumir novas responsabilidades de segurança após o fim da guerra. A situação econômica mundial, que seria conduzida pelos Estados Unidos, estava longe de atingir o auge da integração alcançada sob a liderança britânica. O golpe triplo – duas guerras mundiais e a Depressão – rompeu as delicadas redes de interconexão responsáveis por sustentar o sistema anterior. Em cada momento mencionado acima, as medidas e instituições do sistema britânico perdiam certa relevância e funcionalidade. Ao longo da Guerra Fria, a fim de reconstruir e aprimorar o antigo sistema mundial, os Estados Unidos precisaram mudar tanto a base monetária quanto a estrutura legal e política do sistema econômico.

Como a Grã-Bretanha em seu momento de glória, os Estados Unidos fundamentaram seu poder pegajoso sobre dois aspectos: um sistema monetário internacional e o livre comércio. O acordo de Bretton Woods, firmado em 1944, tornou o dólar a moeda dominante do sistema global. Sendo assim, durante a geração seguinte, quando a moeda norte-americana ainda estava teoricamente associada ao ouro, o Banco Central norte-americano pôde aumentar o fornecimento de dólares em resposta às necessidades econômicas; diferentemente do passado, quando a provisão do ouro fora determinada pelo ritmo das descobertas nas principais áreas de mineração do mundo. O resultado foi uma mágica combinação de uma base monetária crescente com estabilidade de preços durante quase 30 anos. Tais condições evoluíram tanto a ponto de contribuir para a concretização do milagre econômico, que transformou padrões de vida no Ocidente avançado e no Japão. No entanto, o colapso do sistema de Bretton Woods, em agosto de 1971, levou a um período de crise econômica, inflação e de lento crescimento na economia mundial; nos anos 1980, contudo, o sistema voltou a funcionar quase tão bem quanto antes graças a um novo regime de taxas de câmbio flutuantes, no qual o dólar manteve o seu papel fundamental.

O progresso em direção ao estabelecimento do livre comércio e ao desenvolvimento de um sistema político e jurídico internacional, que possibilitou ondas sucessivas de expansão e integração por toda a economia mundial, é um dos maiores (e quase sempre desconhecidos) triunfos da política externa norte-americana na segunda metade do século XX. Especialistas nas áreas econômica e jurídica, em grande parte dos Estados Unidos ou formados em seu sistema universitário em expansão, ajudaram países em desenvolvimento a construir a "invisível infra-estrutura" de leis e instituições capazes de oferecer as garantias necessárias a negociantes e investidores estrangeiros.

Por trás de todas essas ações e contribuições para impulsionar o funcionamento do sistema mundial, estava o desejo norte-americano de abrir seus mercados, inclusive em uma base não-recíproca, para os produtos europeus, do Japão e do mundo em desenvolvimento. Essa política, um elemento importante da grande estratégia geral para conter o comunismo, em parte por meio da criação de um mundo não-comunista integrado e próspero, também ajudou a consolidar o apoio ao sistema norte-americano em todo o mundo. O papel do dólar como uma moeda de reserva global, aliado à tendência expansionista das autoridades fiscais e monetárias norte-americanas, incentivaram os Estados Unidos a incorporar a função conhecida como "a locomotiva da economia global" e "o consumidor do último recurso". Os déficits comerciais norte-americanos estimularam a produção e o consumo no resto do mundo, contribuindo de forma significativa tanto para o crescimento da prosperidade de outros países quanto para a disposição deles de participar do sistema norte-americano.

A abertura dos mercados nacionais aos competidores estrangeiros permanece um dos elementos mais controversos da política externa norte-americana desde a Guerra Fria. As firmas, os setores industriais e os trabalhadores que enfrentam a competição externa se opuseram fortemente a essa medida. Outro grupo, que cresceu bastante desde então, foi o de críticos preocupados com as possíveis conseqüências a longo prazo do permanente déficit comercial que, pode, eventualmente, prejudicar a posição internacional dos Estados Unidos como uma rede credora e convertê-los em um país devedor – assim como ocorreu durante um período do governo Reagan – e o déficit somente cresceu desde então.

John F. Kennedy costumava dizer a seus conselheiros que suas duas maiores preocupações eram as armas nucleares e os déficits de pagamento. Prognósticos de ruína iminente e crise (no valor do dólar, nas taxas de juros nacionais, ou em ambos) acompanharam todas as fases da ascensão desse déficit desde o governo Eisenhower, mas as conseqüências negativas tão anunciadas, até o momento, não se materializaram. O resultado tem sido muito semelhante a uma repetição em escala global da transformação da dívida financeira em força política promovida pelos fundadores do Banco da Inglaterra, em 1694, e repetida um século mais tarde, quando os Estados Unidos, incentivados por Alexander Hamilton, assumiram a dívida de 13 colônias.

Em ambos os casos, a dívida foi adquirida pelos ricos e poderosos, que, em seguida, passaram a ter interesse na estabilidade política do governo, que garantiu o valor da dívida. No caso da Inglaterra, a elite apoiou a Casa de Orange contra os Stuart porque temia que a restauração deles poderia reduzir o valor de suas ações no Banco da Inglaterra. Assim como nos ensina as Sagradas Escrituras, o coração está onde reside o nosso tesouro. As elites proprietárias das 13 colônias passaram a apoiar a estabilidade e a força da nova constituição, uma vez que o valor de seus títulos aumentava e diminuía em função do poder do governo nacional.

De forma semelhante, durante os últimos 60 anos, à medida que os estrangeiros adquiriam ativos nos Estados Unidos – por meio de títulos privados e do governo, investimentos privados de portfólio e investimentos diretos de todos os tipos – crescia o interesse na manutenção do sistema norte-americano. As conseqüências do colapso da economia norte-americana e da ruína do dólar seriam muito maiores do que apenas reduzir o poder e a prosperidade dos norte-americanos. Sem seu principal cliente, países como a China e o Japão enfrentariam sérias depressões econômicas. Os bancos e a força financeira de todos os países no mundo seriam afetados e, provavelmente, sairiam prejudicados se os Estados Unidos sofressem um colapso. Esta é a vingança do poder pegajoso: a dívida, símbolo de fraqueza, é transformada em força. Dessa forma, outros países temem romper com os EUA porque precisam dos mercados e utilizam os empréstimos norte-americanos. Como Sansão no templo dos filisteus, uma economia norte-americana em colapso – ou o poder norte-americano – causaria danos imensos e inaceitáveis ao resto do mundo.

Há problemas com o poder sustentado na dívida, assim como há com todas as formas de poder. Pressionada demais ou usada de forma imprudente, uma grande dívida nacional pode deixar de ser uma fonte de poder para se tornar um risco debilitante. Os norte-americanos conseguiram persuadir os outros povos a confiar suas economias a eles de forma sem precedentes; devem agora justificar esta credibilidade e preservar a posição dos Estados Unidos no mundo como o país que cumpre suas obrigações em tempo determinado.

Supondo, no entanto, que consigam lidar com esse aspecto volátil, mas essencial para a preservação da posição internacional norte-americana, o sistema econômico continuará a apoiar o poder dos EUA no futuro como fez nos últimos 60 anos. Vale ressaltar que isso não apenas garante a prosperidade necessária para os Estados Unidos financiarem sua estratégia de segurança, mas complementa o poder vigoroso norte-americano ao reforçar os incentivos e desestímulos que, combinados, incentivam outros países a aceitar essa liderança.

O PODER ENCANTADOR

Entre o poder coercivo e o não-coercivo, há o poder encantador – aquele capaz de divulgar os ideais, a cultura e os valores norte-americanos – que seduz e convence, de modo mais ou menos espontâneo, pessoas diferentes em todo o mundo a apoiar ou, ao menos, aceitar o poder e a política norte-americana.

Grande parte desse poder se deve ao apelo do que os outros percebem como valores norte-americanos. As mulheres na maior parte do mundo, por exemplo, vêem os Estados Unidos como um país que defende os direitos das mulheres no nível internacional. E, internamente, a política norte-americana é melhor que a da maioria dos Estados ao fornecer às mulheres oportunidades educacionais, econômicas e sociais.

Durante a Guerra Fria, o antiimperialismo norte-americano foi uma outra importante faceta do poder encantador. Os Estados

Unidos nunca construíram um grande império colonial próprio e, freqüentemente, o país pressionou de forma ativa os Estados europeus a dar independência às colônias no exterior após a Segunda Guerra Mundial.

A democracia política e os direitos humanos são valores com apelo global. Sendo assim, uma vez que os Estados Unidos são vistos como defensores destes aspectos – mesmo que de modo incompatível e imperfeito –, o poder encantador do país cresce.

O poder encantador não funciona como a gravidade: nem todos sentem seu impacto. As mulheres, na maior parte do mundo, podem ser seduzidas pela tendência feminista norte-americana, mas muitas pessoas, nem todas do sexo masculino, consideram a conduta norte-americana em relação às questões de gênero repugnantes e assustadoras. O consistente anticomunismo norte-americano durante a Guerra Fria atraiu de modo vigoroso europeus das regiões centrais e orientais presos aos árduos trabalhos deste sistema destruidor; por outro lado, muitos intelectuais da Europa Ocidental consideraram a posição norte-americana simplista e desconfortável. Ronald Reagan sempre foi mais popular na Polônia do que na Alemanha e na França.

Quando líderes norte-americanos defendem a universalidade dos direitos humanos, os europeus se empolgam com a retórica (embora duvidem muitas vezes da sinceridade); em outras partes do mundo, alguns grupos protestam por identificar um imperialismo cultural por trás da imposição de valores e prioridades do Iluminismo europeu em uma agenda política global. (Outros ainda nestas sociedades se ofendem: vêem isso como uma tentativa das elites políticas locais de proteger suas posições de privilégio por meio de apelos falsos a supostas tradições nativas.)

A cultura norte-americana também é parte do poder encantador dos EUA. Milhões de pessoas gostam das músicas, dos filmes e programas de televisão norte-americanos. No entanto, nesse aspecto, o efeito do poder encantador também varia. Há muitos indivíduos que consideram a cultura popular norte-americana imoral e vulgar. Esse sentimento, somado ao medo das transformações que os costumes dos EUA ameaçam acarretar em várias sociedades no mundo, impulsiona tais grupos a se tornarem oponentes implacáveis da influência e do poder norte-americanos.

O poder encantador também cresce em função do papel dos Estados Unidos no mundo. Após a Segunda Guerra Mundial, os EUA tentaram construir um sistema mundial por meio de um amplo apoio internacional. Políticas governamentais, que iam desde políticas de segurança, econômica e comercial até programas como bolsas de estudo Fulbright e trocas acadêmicas, criaram as condições necessárias para esse esforço global norte-americano. Mas as ações de firmas, de empresas sem fins lucrativos e de universidades norte-americanas e de milhões de indivíduos foram as principais responsáveis pelo fornecimento da força real para o projeto dos Estados Unidos. Elvis Presley, Walt Disney e Marilyn Monroe contribuíram para materialização da estratégia norte-americana durante a Guerra Fria tanto quanto John Foster Dulles[15] e C. Douglas Dillon.[16] Edward Deming, o guru da produtividade responsável pela transformação da indústria japonesa, obteve uma influência quase tão grande quanto a de Douglas MacArthur;[17] as ações de Jack Welch da General Electric e Thomas J. Watson (pai e filho) da IBM impactaram o projeto norte-americano tanto quanto Henry Kissinger e Jack Kennedy. Corporações multinacionais, localizadas a princípio nos Estados Unidos, ampliaram suas vendas, produção e atividades administrativas por todo o mundo, recrutando cidadãos não-americanos talentosos para seus escalões – inclusive, os mais bem-sucedidos tiveram a chance de ocupar os níveis mais altos da liderança corporativa. O governo norte-americano fez muito pouco para viabilizar isso e, de fato, em alguns casos, dificultou as tentativas de algumas corporações de investir no exterior. Apesar dessa postura, tais empresas, ao impulsionarem a criação de um espaço de trabalho multicultural e multinacional, num clima de igualdade e respeito mútuo, são até hoje um elemento decisivo no sucesso do projeto norte-americano para o mundo livre. Universidades abertas para alunos e professores estrangeiros, organizadores de menus no

McDonald's que esbarram, aparentemente, na pedra filosofal do sabor para definir a comida mais atraente para crianças de seis anos no mundo todo e os diretores de Hollywood que aperfeiçoam as perseguições com carros – tudo isso ajuda a definir o projeto norte-americano e o faz funcionar.

A imigração também é um fator importante no crescimento do poder encantador norte-americano. Uma parte desse movimento de indivíduos é temporária: por exemplo, os milhões de estudantes estrangeiros que vão anualmente para os Estados Unidos para estudar. É certo que nem todos voltam para casa adorando os Estados Unidos, mas para muitos, a experiência do intercâmbio gera algum apego pelo país, além das redes de amigos e de contatos norte-americanos que são estabelecidas.

A experiência de muitos imigrantes freqüentes, tanto os legais quanto os ilegais, também tem nos Estados Unidos um papel ativo no fortalecimento do nosso poder encantador. O próprio fato de que milhões de pessoas em todo o mundo gostariam de viver no país é uma prova poderosa desta influência. As remessas de dinheiro enviadas por imigrantes a suas famílias pelo mundo e as histórias de sucesso que muitos deles, embora é claro nem todos, relatam em suas terras de origem incentivam o interesse das pessoas pelo sucesso dos Estados Unidos e criam a impressão de uma certa participação da vida norte-americana.

Finalmente, a generosidade com que os Estados Unidos fornecem assistência humanitária no exterior sustenta o nosso poder encantador. O fato de as pesquisas convencionais sobre ajuda externa indicarem os Estados Unidos como uma das potências menos benevolentes é decorrente da seguinte situação: realmente, a ajuda oficial para o desenvolvimento como porcentagem do PIB não é um dos indicadores internacionais que mostram o que o país tem de melhor. No entanto, como Carol C. Adelman ressaltou na revista *Foreign Affais*, tal ajuda de desenvolvimento abrange somente 17% da concessão norte-americana no exterior, e (incluindo-se as remessas) 61% de toda a ajuda norte-americana vem do setor privado. O valor total da doação internacional das fundações norte-americanas equivale, hoje, a três bilhões de dólares por ano.[18] Como Adelman chama atenção, isso é quase o dobro da doação de qualquer um dos países escandinavos, que estão sistematicamente no topo da lista dos Estados mais generosos, segundo os indicadores convencionais. A doação particular talvez tenha mais impacto sobre a percepção estrangeira do que qualquer ajuda governamental.

Em todo o caso, o poder encantador dos Estados Unidos, embora limitado e variável, tem claramente um papel importante na conquista da simpatia e do apoio à política externa norte-americana no mundo. A outra forma de poder não-coercivo, o poder hegemônico, é ainda mais complexo e importante. Vamos analisá-lo a seguir.

3

O PODER HEGEMÔNICO E A CONVERGÊNCIA HARMÔNICA

Ao invocar o conceito de hegemonia de Antonio Gramsci para explicar o poder não-coercivo dos Estados Unidos, Joseph Nye introduziu um dos mais importantes avanços intelectuais do século XX na discussão sobre a política externa norte-americana. Esforçando-se para entender o porquê do capitalismo se recusar tão obstinadamente a cumprir as previsões marxistas de sua morte iminente, comunistas ocidentais, como Gramsci, ficaram impressionados com o poder de conceitos "burgueses" como a democracia parlamentar para ganhar o apoio efetivo de trabalhadores que, segundo a análise comunista, deveriam ser capazes de enxergar a frágil hipocrisia dos políticos burgueses. (A possibilidade de os trabalhadores identificarem o comunismo como uma fórmula para o desastre social, moral e econômico não poderia, é claro, ser cogitada nem por um instante.)

Embora esta linha de pensamento nunca tenha permitido aos comunistas ocidentais superar o obstinado apego dos trabalhadores à propriedade, à liberdade e à democracia, ela permitiu uma melhor compreensão sobre os meios pelos quais as ordens política e social se fundamentam no consentimento e sobre como este consentimento pode ser construído.

Assim como os tipos de ordem social nacional que Gramsci e seus herdeiros analisaram, a ordem internacional liderada pelos Estados Unidos desde a Segunda Guerra Mundial é mais forte, mais efetiva e menos vulnerável, uma vez que os demais Estados soberanos concordam com esta estrutura e a consideram legítima e inevitável.

O poder originado desse consentimento é o poder hegemônico norte-americano. Este não é simplesmente o poder encantador, já que as pessoas não concordam com o sistema norte-americano por apenas gostarem dele. Também consentem, porque o consideram inevitável, enraizado no poder militar, na perícia tecnológica, num amplo desenvolvimento histórico e no poder econômico, no qual não pode ser desafiado. Portanto, deve haver razões mais específicas para consentir com a ordem norte-americana. Os cidadãos de um pequeno Estado como Singapura talvez aceitem a ordem, porque acreditam que a estrutura existente é a melhor forma de garantir a prosperidade e a independência de uma cidade-Estado rica localizada em uma vizinhança potencialmente perigosa. Por outro lado, o sistema norte-americano, provavelmente, não agrada a muitos outros, mas a resistência contra uma ordem bastante consolidada é custosa e seu resultado, incerto. Assim, a melhor escolha é explorar quaisquer oportunidades proporcionadas pelo sistema já estabelecido.

Os poderes vigoroso, pegajoso e encantador contribuem para o poder hegemônico e, à medida que se complementam, os três diferentes tipos de exercer influência perdem a identidade específica e formam, de maneira sinérgica, um conjunto maior do que apenas a soma de suas partes.

Veja o setor militar norte-americano. É uma simplificação exagerada afirmar que o poder militar opera somente como poder vigoroso ou mesmo como coercivo. As forças armadas norte-americanas criaram uma rede histórica única de ligações militares que abrangem quase todos os países do mundo. Oficiais de todo o mundo treinam nos colégios de comando militar dos Estados Unidos ou usam o seu equipamento. Os padrões norte-americanos de treinamento são freqüentemente considerados superiores e a participação em seminários e em exercícios avançados com os militares norte-americanos pode ajudar a carreira de oficiais estrangeiros. A expansão da Otan, talvez a realização mais importante do governo Clinton, identificou o lado não-coercivo do poder militar, quando as forças armadas criadas pelos regimes comunistas para confrontar os Estados Unidos fizeram a transição para a democracia com o apoio da organização. A força militar é parte de uma estratégia geral, que combina, desde a queda da União Soviética, os poderes vigoroso, pegajoso e encantador, a fim de estabelecer novas relações de poder duráveis e consolidá-las em instituições fortes.

Outro exemplo de exercício sinérgico do poder acontece no Oriente Médio. A identificação do Oriente Médio e dos recursos de petróleo como um interesse vital norte-americano, que deve ser protegido, se necessário com a guerra, é muitas vezes considerado pelos oponentes dos Estados Unidos como um exemplo clássico do caráter cínico e cruel do poder norte-americano. "Não derrame sangue pelo petróleo" foi uma das mensagens emitidas nos protestos realizados tanto na primeira quanto na segunda guerra do Golfo contra o Iraque.

Na verdade, os objetivos norte-americanos no Oriente Médio vão muito além disso. Os Estados Unidos estão menos interessados em matar a sua sede de petróleo e em contribuir para os negócios das poderosas companhias do setor de energia do que no impacto da segurança do petróleo – ou insegurança – sobre a política mundial como um todo. Uma vez que os Estados Unidos têm tanto o poder quanto o desejo de manter a estabilidade do comércio de petróleo, outros países não vêem razão alguma para desenvolver suas próprias capacidades militares para garantir o fornecimento do produto. E, caso as grandes potências que têm interesse no Oriente Médio (mais da metade dos Estados no mundo) obtivessem, além da vontade, habilidade de intervir com força militar nesta região explosiva, o sistema internacional seria menos seguro e menos feliz que o atual – e não só para os norte-americanos. Garantir o "bem público internacional" de um fornecimento seguro de petróleo não só ajuda a manter a provisão de petróleo para os Estados Unidos, como contribui para reafirmar a posição dos EUA como a única superpotência global num mundo de poderes regionais, além de reforçar a crença (embora de forma alguma universal) freqüente de que o poder norte-americano é fundamental para assegurar a paz mundial. Ao mesmo tempo, é claro, os outros países estão conscientes de que existe um só Estado capaz de interromper os fluxos de petróleo mundiais caso considere isso necessário. Nesse caso, o poder vigoroso da supremacia militar ajudou a criar tanto o poder pegajoso, derivado da integração mundial do mercado de energia, quanto o poder encantador, em função da redução da competição militar internacional sob a *Pax Americana*.

■

É PROVÁVEL QUE O ELEMENTO mais importante para o estabelecimento do poder hegemônico norte-americano seja derivado da política econômica interna dos Estados Unidos, posta em prática durante o início e a metade do século XX. Nessa época, o principal projeto nacional norte-americano era construir um novo sistema social. Com base em uma combinação de produção e consumo coletivo, o país foi capaz de construir um novo tipo de economia, prosperidade e democracia. Este sistema e a visão da história por trás dele se tornariam o produto de exportação mais significativo durante a Guerra Fria, configurando assim a influência dos Estados Unidos em todo o mundo.

Críticos marxistas nomearam o modelo econômico norte-americano em vigor, durante a maior parte do século XX, de o sistema fordista, em homenagem a Henry Ford, o primeiro a colocar em prática a combinação de produção coletiva organizada e salários altos (de modo que seus funcionários pudessem comprar o modelo de automóvel produzido pela empresa na época), característica presente no cerne do novo sistema nacional norte-americano.

Para o fordismo funcionar, os norte-americanos descobriram, ao longo da metade do século XX, que eram necessárias várias mudanças sociais, econômicas e políticas, além de novos programas de governo.

A preferência tradicional norte-americana por governos a favor do *laissez-faire* foi reduzida, já que o ciclo de longo investimento das novas corporações industriais precisava de estabilidade macroeconômica, com o Estado apoiando o poder de compra em épocas favoráveis ou não. A arraigada hostilidade do sistema legal norte-americano em relação às organizações sindicais também mudou a fim de permitir e até mesmo encorajar a sindicalização – dessa forma, o governo acreditou que impediria a ascensão de movimentos trabalhistas anticapitalistas ou de trabalhadores que contestavam o direito de organizar o processo de trabalho. Sendo assim, a sociedade norte-americana passou por uma série de mudanças culturais para se adequar à mobilidade e ao consumo de massa – ambas características do estilo de vida da nova economia. O capitalismo anárquico e implacável das eras norte-americanas anteriores cedeu espaço para um sistema mais estável, no qual poucas empresas com grandes sindicatos dividiam tranqüilamente o mercado coletivo. Nessa época, nos Estados Unidos, havia três emissoras, uma companhia telefônica, basicamente três companhias de veículos, duas grandes empresas de ônibus e assim por diante. Além disso, bancos, companhias aéreas e empresas de utilidade pública eram reguladas com rigidez.

A sociedade fordista era uma sociedade administrada. Como muitos sociólogos observaram na época, a natureza das organizações empresariais também mudou: a antiga divisão da sociedade entre proprietários-empreendedores, de um lado, e operários (e vendedores mal-pagos), do outro, se rendeu a um novo tipo de estrutura, em que uma classe ampla de administradores de colarinho-branco relativamente bem-pagos lideravam grandes corporações reguladas segundo o modelo burocrático.

A política fordista também era administrativa. Os reformadores progressistas do final do século XIX e início do XX fizeram campanha para separar a política do governo o mais rápido possível. Os beneficiários do clientelismo do velho sistema de espólio foram sendo substituídos por um serviço público profissional permanente. À medida que o poder dos políticos diminuía, o governo passou a ser conduzido segundo princípios objetivos e científicos da nova ciência social.

Os novos funcionários públicos estavam cada vez mais envolvidos na economia estatal e em áreas que demandam investimentos de grande escala como eletricidade, auto-estradas e outras formas de infra-estrutura muito complexas e arriscadas para serem coordenadas pela iniciativa privada. Numa época de sufrágio universal, este sistema era um modo de reconciliar a política nacional com a necessidade do Estado de conduzir empreendimentos sofisticados que o eleitor comum e funcionários públicos eleitos não apreciavam nem entendiam. Os progressistas argumentavam que aparelhos políticos corruptos e suas comitivas de pessoas semi-instruídas interessadas nos cargos políticos não conseguiam gerenciar os problemas da sociedade do século XX.

Administradores públicos e privados foram treinados em uma nova e ampla estrutura educacional que, além de aulas, oferecia emprego para os intelectuais, que em outros tempos sentavam em cafés pobres conspirando ardentemente a derrubada de um sistema injusto; na sociedade fordista, eles tiveram a oportunidade de iniciar uma carreira confortável com bons salários.

Uma galinha em cada panela, um carro em cada garagem e um anjo em cada redemoinho de vento – esta era a ambição fordista. A sociedade fordista seria próspera, estável, segura e bem orientada por administradores e engenheiros treinados para tomar decisões racionais e objetivas a favor do bem comum. Em vez de uma luta de classes entre trabalhadores e capitalistas, a nova ordem norte-americana tinha por base o compromisso.

A classe capitalista aceitou os limites impostos pelo governo sobre o seu poder social e econômico. As grandes corporações se adequaram à nova estrutura de leis antitruste. Os ricos precisaram aceitar que os mercados financeiros regulados reduziriam o espaço para manobras financeiras, que visavam construir vastos impérios empresariais particulares sem considerar os direitos e interesses dos outros. Progressivos impostos de renda e onerosas taxas sobre as heranças limitaram a capacidade dos capitalistas de acumular e transmitir grandes riquezas pessoais. Por outro lado, esta mesma classe pôde ter a garantia de que a maioria dos eleitores não-capitalistas respeitaria a propriedade privada e as exigências básicas de um sistema capitalista. É provável que a regulação da economia tenha reduzido a flexibilidade das grandes empresas, mas, com certeza, as protegeu de companhias rivais recém-criadas. Além disso, as corporações gozaram de um ambiente macroeconômico positivo, uma vez que o governo utilizou o seu poder financeiro para impedir as custosas e perigosas depressões ocorridas em períodos anteriores.

Por outro lado, os trabalhadores desistiram dos sonhos utópicos de igualdade e de controle trabalhista prometidos pelo comunismo – uma concessão facilitada tendo em vista a experiência real e cruel dos "Estados trabalhistas". O trabalho no mundo fordista era em geral difícil, monótono e controlado rigidamente por supervisores e por tabelas de horários. Apesar disso, os funcionários recebiam salários mais altos, além de melhoras graduais no padrão de vida.

Os mediadores do acordo fordista de classe, e talvez os grandes vitoriosos, pertenciam a classe mais desprezada por Karl Marx e seus sucessores no movimento comunista, apesar de ter sido a classe de origem da maior parte dos comunistas: a pequena burguesia, em especial os indivíduos da área administrativa e não de pequenos empresários. Os administradores, gerentes e intelectuais da sociedade sugeriam aos capitalistas e trabalhadores desempenhar o papel de "mediador honesto" e afirmavam poder solucionar os choques e as ambições concorrentes do redemoinho capitalista, ou seja, eles seriam os anjos desinteressados que poderiam caminhar pelo turbilhão e comandar a tempestade. Nesse sentido, poderiam encontrar soluções técnicas para as disputas econômicas e sociais que ameaçavam tumultuar a cooperação e a estabilidade – ambos aspectos fundamentais para o sucesso do complexo aparelho da sociedade capitalista moderna. As ciências sociais – a economia keynesiana, as novas formas de sociologia prática e "pós-ideológica", a psicologia, a educação e a penalística – foram descobertas e implementadas por heróicos engenheiros sociais da pequena burguesia fordista, que direcionaram a sociedade humana à utopia racional do Iluminismo europeu por meio de um processo pacífico e gradual.

A competição ideológica entre os Estados Unidos e a União Soviética durante a Guerra Fria foi em grande parte uma competição entre o fordismo e o comunismo. O fordismo, proclamado pelos norte-americanos e por seus aliados, permitiu o acesso de pessoas comuns à mais riqueza, à mais liberdade pessoal, à mais igualdade política e à democracia no lugar do comunismo. O dinamismo dos mercados com os efeitos estabilizadores da política macroeconômica governamental somado às redes de segurança social ainda mais generosas resultou em economias fordistas bem-sucedidas que escaparam da sina prevista pelos comunistas. Por fim, o sistema norte-americano não foi impactado por crises econômicas nem por depressões. Outra previsão não concretizada foi a formação de um proletariado rebelde e empobrecido que, desesperado, subverteria um sistema de ódio para se defender.

Havia algo mais: quando a *Pax Americana* se estabeleceu, após a Segunda Guerra Mundial, os países capitalistas não se separaram mais nas guerras intermitentes. A primeira metade do século XX foi um período revoltante na história mundial, de violência política e de milhões de mortos nas guerras. Os comunistas progrediram ao explorar a miséria e a instabilidade resultantes destas guerras; também usaram o medo da guerra como uma ferramenta efetiva de propaganda. A demanda por corporações gigantescas em mercados ainda maiores, exacerbados pela ganância dos fabricantes de armas, significava que as sociedades capitalistas eram impulsionadas inevitavelmente em direção ao conflito e à guerra.

O fordismo deu aos Estados Unidos o argumento convincente de que o capitalismo era melhor que o comunismo como caminho para a paz mundial. Desde 1945, não houve guerras entre os grandes países capitalistas; os conflitos internacionais passaram do centro para a periferia do mundo capitalista, com guerras travadas tanto contra a expansão comunista (por exemplo, os confrontos na Coréia e no Vietnã), entre países em desenvolvimento, ou contra Estados párias periféricos como o Iraque. Além disso, desde o fim da Segunda Guerra Mundial, calamidades como o fascismo e a autocracia deixaram de atormentar os principais países capitalistas. A longa e próspera paz democrática na Europa após 1945 foi um argumento poderoso a favor do estabelecimento do sistema norte-americano nos locais onde os povos sofreram durante 30 anos os horrores causados pelas duas grandes guerras (de 1914 a 1945).

Os Estados Unidos, em meados do século XX, apresentaram uma visão de história que podemos chamar de doutrina da convergência harmônica. Descendente do Iluminismo europeu e dizendo-se capaz de concretizar suas esperanças, o conceito de convergência harmônica se identificou com as idéias marxistas de progresso e repercutiu o otimismo norte-americano tradicional. A nova doutrina foi a força propulsora do capitalismo em sua guerra ideológica contra o comunismo, além de ser um elemento-chave para conquista do consentimento mundial a favor do sistema norte-americano.

■

AS IDÉIAS DA CONVERGÊNCIA harmônica são relativamente simples e para muitos suas conseqüências permanecem atrativas. O capitalismo desperta padrões de vida ao promover o crescimento tecnológico e o uso eficiente de recursos. Com o tempo, o ambiente permite a criação da abundância social para a educação universal e da riqueza das massas. À medida que a educação é difundida, a superstição e a intolerância diminuem. Uma força de trabalho instruída é mais produtiva; um ciclo benigno de aumento da produtividade e dos padrões de vida garante à sociedade a riqueza necessária para estabelecer Estados de bem-estar social ainda mais abundantes sem privar os ricos do sucesso dos incentivos, que, assim, continuam investindo e produzindo. O comércio, ao impulsionar o contato entre diferentes nações, incentiva a cultura cosmopolita das sociedades; a propagação das democracias torna o mundo mais pacífico e culturalmente homogêneo.

Dos republicanos Rockefeller aos democratas Acheson, a elite governante norte-americana da época encarou estas mudanças tanto como uma transformação nacional quanto internacional. Acreditava-se que os sonhos do movimento progressista seriam aos poucos, finalmente, realizados. Ao mesmo tempo que o capitalismo se desenvolvia e os Estados Unidos se tornavam mais avançados, o país assumiria um perfil mais cosmopolita e progressivo. Seríamos mais semelhantes à Europa Ocidental: pós-histórica, secular, com um Estado de bem-estar social. Seríamos mais meritórios intelectualmente e menos induzidos culturalmente pela combinação do gosto popular com a visão empresarial. Os valores dos projetistas sociais instruídos, liberais e progressistas substituiriam os da classe trabalhadora.

O progresso significava a ascensão do racional e a exclusão das forças irracionais da natureza humana e, portanto, da história do homem. O fundamentalismo desapareceria; versões predominantes das tradições religiosas protestante, católica e judaica iriam convergir sob o progresso gradual do Iluminismo; nossa percepção de nacionalismo também se tornaria mais "civilizada" e quase imperceptível. Os Estados Unidos fordistas seriam a realização do sonho do Iluminismo europeu.

Não menos interessante para a opinião estrangeira na visão fordista do mundo era o meio que sua lógica previa o poder norte-americano cada vez mais benévolo e menos arbitrário. Já naquela época, o fordismo conseguia organizar a competição capitalista selvagem, uma vez que a regulação e a ordem eram impostas. Do mesmo modo, a *Pax Americana* domaria aos poucos a política internacional. A rede de instituições ficaria mais sólida; os Estados de lei e a cooperação multilateral substituiriam as lutas pelo poder e pela supremacia, que caracterizaram a vida internacional anterior.

A *Pax Fordiana* prometia um futuro brilhante para a Europa. A lógica econômica e a experiência da história sugeriam que, com o tempo, as economias européias alcançariam a produtividade dos Estados Unidos. À medida que o poder econômico relativo norte-americano decaísse, nossa política externa funcionaria por meio de redes de instituições cada vez mais densas e a soberania uniria interesses em vez de ser algo defendido de modo agressivo pelos Estados. Tanto a vida internacional quanto o capitalismo interno aos Estados deixariam de ser uma selva para se tornar uma festa no jardim. Haveria mais estabilidade, mais regulação e mais igualdade na distribuição das gratificações.

Um mundo fordista apresenta instituições fortes e estáveis – dentro das nações e englobando países. Durante a Guerra Fria, esta visão do futuro parecia realista. De 1949 a 1989, as alianças eram estáveis e as relações internacionais em geral mudavam lentamente. Instituições, cujos processos eram lentos e pressupunham alianças e relações políticas que quase não se alteravam entre os Estados-membros, eram vistas como fóruns capazes de reagir a vários desafios. Na concepção fordista do futuro, acreditava-se que as organizações proliferariam e fortaleceriam seus mandatos. Da mesma forma, na utopia progressista, defendia-se uma gestão imparcial das questões internas governamentais, que seria feita por funcionários treinados e não pelos supostos protegidos políticos. O mesmo aconteceria com a política internacional, que passaria para o domínio da cooperação, da administração e do direito. A União Européia, centralizada em Bruxelas e cada vez mais poderosa, era considerada a instituição líder do desenvolvimento da vida internacional. Aos poucos, à medida que a convergência harmônica progredia, as Nações Unidas acumulariam inevitavelmente mais poder.

Esta visão de convergência harmônica é central à idéia de progresso aceita pela maior parte do Ocidente desde a derrota do fascismo europeu. Durante a maior parte do século XX, esta concepção do futuro também predominou nos Estados Unidos e trabalhou em conjunto com a tendência fordista, que defendia uma forma mais regulada e estável de capitalismo administrado na América progressista, em detrimento da versão mais bruta do século XIX.

A doutrina também facilitou bastante a tarefa da política externa dos Estados Unidos, ao sugerir que elementos da cultura e da política norte-americana, que dificultavam sua mensagem, desapareceriam aos poucos. Esta visão de convergência harmônica apresenta um enfoque do processo histórico que permitiu aos Estados Unidos conquistar aliados no exterior de forma mais simples. O tempo esteve do lado do sistema social defendido pelos Estados Unidos e o tempo também domesticaria os norte-americanos.

Esperava-se que o excepcionalismo norte-americano permanecesse no passado. Os jacksonianos[1] se enfraqueceriam; Archie Bunker[2] talvez morresse sem remorsos sacudindo uma bandeira norte-americana, mas Gloria e Meathead[3] viveriam na utopia de John Lennon: "Nada pelo qual matar ou morrer, e sem religião também."[4] Seus filhos provavelmente usariam o sistema métrico. As características do sistema mundial, que pareciam com o império norte-americano, eram temporárias, um fenômeno passageiro: quando o término da história por fim chegasse, o império se dissolveria numa ordem fordista liberal e pacífica, administradores cosmopolitas julgariam os conflitos da humanidade.

O FORDISMO E UM COBERTOR de segurança: este era um grande sistema para os Estados Unidos agirem em prol das exportações. Enquanto havia muita resistência por parte dos tradicionalistas e fascistas na direita, e dos comunistas e socialistas na esquerda, o fordismo com o tempo se mostrou uma solução definitiva para muitos dos problemas mais complexos da Europa. Guerras entre nações e a luta entre classes estarreceram a história européia durante gerações; após 1945, ficou claro que o novo arranjo poderia resolver ambos os problemas. As elites européias e japonesa precisaram abrir mão do orgulho e da independência nacional, mas o poder norte-americano se responsabilizou por manter os comunistas encurralados. As classes trabalhadoras foram obrigadas a abandonar a ideologia da luta de classes e aceitar o capitalismo como meio de vida, mas, certamente, suas vidas nunca estiveram melhores.

O fordismo sufocou o marxismo (e o fascismo); a combinação de abundância e oportunidade na Europa Ocidental e no Japão consolidou as alianças que venceram a Guerra Fria e enfraqueceram gradualmente a fé das elites comunistas em seu próprio sistema. Da perspectiva cada vez mais frustrante dos intelectuais comunistas da Europa Ocidental, o sucesso do fordismo garantiu a hegemonia da "democracia burguesa" na Europa do pós-guerra. Do mesmo modo, as bem-sucedidas políticas fordistas e o apelo internacional da visão de um processo histórico convergente harmonicamente, cuja finalidade era o alcance de uma ordem mundial próspera e pacífica com base no direito, contribuíram para as nações aceitarem que o sistema internacional estabelecido no pós-guerra pelo poder norte-americano era um avanço para todo o mundo e não apenas para os Estados Unidos.

No Primeiro Mundo, a independência nacional limitada (com a subordinação ao sistema de alianças norte-americano e a aceitação do domínio político e econômico de Washington) foi neutralizada pela prosperidade em massa e pelo aumento da segurança. Já no Terceiro Mundo, a prosperidade restrita foi compensada pela independência nacional intensificada e por um modelo de desenvolvimento que promoveu a estabilidade política ao melhorar a capacidade de governos nacionais de estruturar o desenvolvimento econômico e distribuir proteção e recompensas.

No Terceiro Mundo, os Estados Unidos não exigiram muito das elites, que estavam muito satisfeitas em se juntar à coalizão norte-americana contra o comunismo, o qual ameaçava seus poderes e privilégios. E, embora em muitos casos as populações no mundo em desenvolvimento fossem excluídas e marginalizadas pelo sistema econômico, a satisfação do orgulho nacional proveniente da expulsão de colonizadores europeus servia para unir as sociedades. Além disso, as estratégias populares durante a maior parte da Guerra Fria e aquelas recomendadas pelo Banco Mundial na época ressaltavam grandes projetos de desenvolvimento orientados pela elite, e um sistema de créditos controlado pelo Estado. Assim, o desenvolvimento econômico reforçava o poder político da liderança do país. Quem poderia ter uma barragem, uma usina siderúrgica, acesso ao intercâmbio financeiro ou ao programa de habitação e quem conseguiria empregos no setor formal no serviço público e na área industrial pertencente ao Estado: sob o modelo de desenvolvimento em prática na metade do século passado, todas essas decisões cabiam às elites locais, que tinham um motivo para aceitar o sistema norte-americano, mesmo chamando os norte-americanos de "neocolonialistas" e denunciando seus meios exploradores.

■

NO FIM DOS ANOS 80, à medida que a União Soviética desmoronava diante do triunfante e poderoso sistema norte-americano, os Estados Unidos acreditaram ter construído uma ordem resistente. Como observou de forma memorável, o antigo diretor de planejamento político do Departamento de Estado Francis Fukuyama, em *O fim da história e o último homem*,[5] a democracia liberal capitalista se tornara um sistema social permanente porque correspondia às necessidades humanas como nenhuma outra alternativa. Esta foi uma visão da convergência harmônica sustentada pela dialética hegeliana e para a maioria dos formuladores da política norte-americana – mesmo quando não refletiam conscientemente sobre o sistema como um todo – a convergência harmônica *era* o projeto norte-americano.

Para muitos norte-americanos, inclusive para a maioria da elite dirigente dos assuntos de política externa, essa versão do projeto norte-americano para o mundo, desenvolvido em resposta às pressões e aos riscos do século XX, não precisa de defesa. É muito mais do que um meio de nos defender em um mundo perigoso; o projeto norte-americano é uma iniciativa moral distinta. A ordem norte-americana promete introduzir – e para milhões se não bilhões de pessoas já o fez – um mundo de riqueza, liberdade e segurança sem precedentes.

Mesmo os aliados do projeto norte-americano, ao contemplar sua história, devem concordar que ocorreram erros e eventos infelizes. (Outros preferem o termo "crimes".) Durante a Guerra Fria, os norte-americanos apoiaram regimes ditatoriais em troca do apoio contra a União Soviética. Os Estados Unidos nem sempre escolheram bem quando e como intervir em outros países. Milhões de pessoas morreram no genocídio de Ruanda porque os EUA não agiram; ainda um número maior de indivíduos morreu na Indochina, porque atuaram de modo insensato. Os benefícios da *Pax Americana* são distribuídos de forma desigual; a Europa, o Japão, a América do Norte e partes do Sul e do Leste da Ásia podem estar mais ricos do que em qualquer outra época na história mundial, mas o PIB real, descontada a inflação por pessoa, em muitos Estados da África é mais baixo do que na época em que estes países se tornaram independentes. A ajuda provida pelos economistas norte-americanos e pelas instituições internacionais teve conseqüências confusas no mundo em desenvolvimento. A industrialização do Terceiro Mundo repetiu em grande escala os crimes e sofrimentos ocorridos primeiro na Europa e na América do Norte durante a primeira revolução industrial. Políticas desleais de comércio e de investimento dificultaram o crescimento dos países mais pobres. Por fim, a corrida caótica pelo desenvolvimento – característico do processo capitalista – sob a tutela norte-americana causou grandes danos sociais e ambientais.

TUDO ISSO IMPULSIONOU uma importante e reivindicante minoria nos Estados Unidos a condenar todo o projeto norte-americano ou algumas partes dele. Fora da nação norte-americana, este sentimento está cada vez mais difundido e, na maior parte do mundo, constitui o veredito da maioria sobre a história do projeto norte-americano.

No entanto os norte-americanos, de modo geral, permanecem orgulhosos desta história e, após a Guerra Fria, insistiram no mesmo caminho. O consenso geral nos Estados Unidos era o de que, apesar de o colapso da União Soviética ter gerado algumas complicações, principalmente nos Bálcãs e no Cáucaso, a tarefa dos Estados Unidos ao fim da Guerra Fria era construir um mundo sem uma oposição relevante e formado por mercados livres e governos sob a proteção do poder militar dos Estados Unidos – ou seja, uma versão mais simples do projeto norte-americano.

Os quatro tipos de poder – vigoroso, pegajoso, encantador e hegemônico – pareciam tão fortalecidos ou mais com o colapso da União Soviética, uma vez que o único desafio militar de grande escala ao poder norte-americano era quase inexistente e o único modelo social alternativo ao sistema estava totalmente desacreditado. No mundo pós-Guerra Fria, a convergência seria acelerada e as harmonias se aprofundariam; isso era o que a maioria dos norte-americanos esperava. O que conseguiram foi o 11 de Setembro.

II

A TEMPESTADE QUE SE APROXIMA

4

TORRES DEFEITUOSAS

OS NORTE-AMERICANOS SE AUTOCONSIDERARAM um povo alegre e otimista, por isso sempre se surpreendem e se entristecem ao perceber que outros países muitas vezes não apreciam o sistema mundial que os Estados Unidos tentam construir. A China, a Rússia, a França e o Irã, por exemplo, são apreensivos no que diz respeito ao poder e às intenções norte-americanas, e não são os únicos. No entanto, os problemas externos ao sistema são, de certo modo, mais fáceis de entender e lidar do que os internos. Se os oponentes da ordem norte-americana conseguirem um dia derrubá-la, serão bem-sucedidos por terem explorado as contradições e as fraquezas internas da estratégia norte-americana em vez de derrotá-los no campo de batalha.

Uma dessas contradições está associada com a natureza dual do papel dos Estados Unidos no mundo. Por um lado, eles se vêem, mais precisamente, como o principal agente de um processo revolucionário global por meio do qual o capitalismo e a democracia liberal têm arrebatado o mundo. O governo e, de certo modo, a sociedade norte-americana impõem reformas nos locais onde estes valores não são respeitados. Nesse sentido, pressionam a China para se tornar mais democrática, a Europa e o Japão para adotarem versões mais liberais de capitalismo, e o Oriente Médio muçulmano a fazer ambos. O poder norte-americano executa mudanças, muitas vezes incômodas, e, naturalmente, há resistências.

Ao mesmo tempo, por ser hegemônico, buscar o equilíbrio e liderar a construção da ordem mundial, os Estados Unidos apresentam um raciocínio conservador. Podem desejar mudanças no sistema, mas também querer que ele permaneça o mesmo – como garantia de estabilidade. Por exemplo, não querer forçar reformas na Arábia Saudita que possam desestabilizar um aliado central. Também não estão tão interessados em manter uma balança de poder conservadora na Ásia nem em persuadir a China a dar mais autonomia ao Tibete. Com freqüência, projetos revolucionários norte-americanos ameaçam os interesses de vários governos fundamentais para a estabilidade global ou regional, e os Estados Unidos raramente são capazes de resolver este problema de modo elegante.

Se os Estados Unidos fossem simplesmente um poder conservador no que diz respeito às questões mundiais – como a China, o Egito e outros impérios de outrora –, a queda do Muro de Berlim talvez tivesse indicado, como tantos esperavam, o fim da história.

No entanto, o poder norte-americano está vinculado de forma complexa ao destino do sistema econômico capitalista e o capitalismo não é uma estrutura social plácida nem estável. Tão logo atinge uma certa maturidade em uma determinada etapa, começa a progredir de forma imprevisível e dinâmica pelas mudanças tecnológicas, nas instituições e na sua própria prática. Essa inconstância não é algo que possa ser interrompido ou controlado numa estrutura capitalista, mesmo que as conseqüências a curto e médio prazo nem sempre sejam agradáveis. Aspectos importantes da crise internacional desencadeada nos atentados de 11 de Setembro foram simplesmente o resultado do progresso. A rápida evolução tecnológica promovida pelo capitalismo constrói, por exemplo, armas de destruição em massa mais fáceis e baratas. Já em 1945, foi preciso uma aliança internacional entre a maior potência industrial e os mais brilhantes cientistas para construir as primeiras armas nucleares. Hoje, um país mal governado como o Paquistão, cuja economia é atrasada e onde as leis não são cumpridas, pode construir tais armamentos usando cientistas nacionais não-renomados e sem grandes realizações no currículo. Portanto, não é difícil imaginar o que pode estar por vir, quando armas cada vez mais poderosas serão mais baratas e mais fáceis de produzir.

À medida que o progresso facilita a fabricação dessas terríveis armas, diminui a eficácia da cooperação internacional no que diz respeito à proliferação. Além disso, quanto maior difusão do material e da tecnologia da destruição nuclear, mais fácil é a sua fabricação e mais complexo é para as sanções e inspeções conter os países determinados a produzir essas armas. Também é mais difícil saber em que estágio estão os países que constroem armas nucleares; os norte-americanos foram surpreendidos pelos testes nucleares tanto da Índia quanto do Paquistão, e a Coréia do Norte conseguiu burlar o acordo firmado com os EUA em 1994.

Sem o progresso tecnológico estimulado e acelerado pelo triunfo do capitalismo, não teríamos uma crise gerada pelo terrorismo ou por armas de destruição em massa. Sem o progresso, os Estados Unidos também não teriam de enfrentar a difícil escolha de agir unilateralmente contra a proliferação ou de permitir que Estados com ligações com o terrorismo adquirissem armas nucleares.

Mesmo assim, não estamos nem perto do pior. Enquanto o sistema capitalista internacional, construído com tanto esforço pelos norte-americanos, continuar recompensando as inovações, podemos esperar o desenvolvimento cada vez mais rápido de novas tecnologias, especialmente no campo da biologia, capazes de desencadear uma destruição inimaginável com certa facilidade. À medida que mais países alcançam uma prosperidade mais ampla, o número de cientistas e laboratórios no mundo aumentará de modo mais rápido do que a população mundial em geral. Esses cientistas terão acesso a equipamentos ainda mais sofisticados (e mais baratos) e às informações sobre os trabalhos de outras equipes de pesquisadores pelo mundo. A disponibilidade de investimentos e de mercados de capital eficientes também tende a crescer, permitindo que os inventores consigam apoio, de modo cada vez mais fácil, em troca de novas tecnologias.

As vitórias e realizações criam uma nova série de desafios que devem ser enfrentados. Isso é inerente à natureza do poder norte-americano e do sistema social que procura construir. Reflexões insensatas sobre a unipolaridade e congratulações triunfalistas sobre a vitória do capitalismo de livre mercado não devem cegar os Estados Unidos no que diz respeito à natureza revolucionária do projeto norte-americano e ao caráter espantoso das ameaças (ponderadas, espera-se, pelas bênçãos) derivadas do progresso tecnológico crescente. O projeto norte-americano não é algo que se realize de forma definitiva; a história não chega a um fim. Sendo assim, cada geração de norte-americanos deve reinventar o seu país e a sua política externa a fim de cumprir as demandas de um mundo que está cada dia mais complexo e explosivo, em grande parte, graças ao seu próprio sucesso.

■

OUTRA FONTE DE TENSÃO importante e inevitável é a contradição entre o que os Estados Unidos são e o que tentam realizar. A antiga disputa das nações pelo domínio e pela conquista causou muitas mortes em todo o mundo, mas, hoje, sob as condições do conflito armado moderno, o resultado pode ser o fim da humanidade, caso as batalhas continuem. Os Estados Unidos desejam o fim dessa dinâmica, no entanto, na prática, isso significa que os norte-americanos precisam escalar até o topo desse mastro escorregadio e defender a sua posição. Dessa forma, estão vencendo o jogo ou prolongando as disputas? Estão criando uma ordem mundial ou conquistando o mundo? Inevitavelmente, fazem um pouco dos dois e nem sempre é simples administrar a tensão entre as duas estratégias.

Os estrangeiros podem encarar e realmente encaram com temor o modo como os norte-americanos determinam e buscam os seus objetivos no mundo. Eles analisam a forma como os lobbies étnicos influenciam a política externa norte-americana e se perguntam se responsabilizar o sistema político norte-americano pela ordem do planeta é a melhor solução. Quando o orçamento militar norte-americano ultrapassa 400 bilhões de dólares ao ano, os estrangeiros percebem este poder militar crescente, que é capaz de superar qualquer limitação, e refletem sobre como os EUA se comportariam em um mundo sem a presença de um poder responsável por limitar as ações norte-americanas. Ou seja, as democracias assim como as ditaduras têm razões para suspeitar e até mesmo para se opor ao poder norte-americano. Nos últimos anos, ao mesmo tempo em que o populismo tem sido um fator menos influente na política externa européia do que na dos Estados Unidos, as populações dos países democráticos da Europa, por exemplo, estão acostumadas a viver em sociedades nas quais a opinião pública influencia a política externa e, por isso, estão habituadas a pensar que seus julgamentos afetam as questões mundiais. Nesse contexto, muitos europeus ficaram bastante surpresos, durante a preparação para a invasão norte-americana do Iraque, ao descobrir que o governo dos Estados Unidos raramente se preocupa com a opinião de pessoas, que não votam nas eleições norte-americanas. De acordo com indivíduos de diferentes nacionalidades, um aumento no poder norte-americano significa uma *diminuição* da democracia global: 300 milhões de pessoas, que vivem nos Estados Unidos, ganham mais influência; ao passo que os 6,3 bilhões de indivíduos espalhados por todo o mundo vêem o seu poder de participação diminuir.

■

O SISTEMA NORTE-AMERICANO enfrenta dois perigos. Se os Estados Unidos acumularem ou usarem pouco poder, podem desmoronar à medida que os outros Estados tirarão proveito de sua fraqueza. Por outro lado, se acumularem muito poder ou o utilizarem de forma intensa, é provável que o sistema se desintegre já que os outros se unirão contra ele.

Não há uma solução definitiva para esse problema. O que os Estados Unidos tentaram fazer, durante a maior parte da história do pós-Segunda Guerra Mundial, foi exercitar o poder como um *hegemon* liberal — maximizando o grau de consentimento e consulta a outros sem negligenciar a necessidade de um poder norte-americano forte, capaz de assegurar o sistema mundial. Assim como não querem impor a vontade à força, também não desejam viver em um mundo no qual não possam agir a não ser com a permissão da maioria dos países.

Criar as organizações internacionais e trabalhar em parceria com elas é um dos principais caminhos – ao mesmo tempo que bastante complexo – para os Estados Unidos tentarem eliminar as tensões entre os aspectos imperial e cooperativo de seu papel na ordem mundial. Para o país, as instituições internacionais são importantes uma vez que são capazes de construir coalizões mais fortes e efetivas para atacar os problemas internacionais relevantes – ou seja, os norte-americanos a valorizam porque tais organizações aprimoram a habilidade em promover os seus interesses nacionais e globais, enquanto os custos e as responsabilidades são compartilhados com outros países. As instituições também elevam o poder norte-americano uma vez que as decisões da "comunidade internacional" são consideradas mais aceitáveis e mais legítimas que os mandatos norte-americanos. Além disso, ao garantir aos outros Estados uma influência real, inclusive o controle, sobre decisões importantes, as instituições contribuem para a redução da insatisfação internacional no que diz respeito à supremacia global norte-americana. Enfim, por todas essas razões, as organizações internacionais têm desempenhado um papel fundamental na formulação da política norte-americana nas últimas décadas.

Infelizmente, as instituições não são uma solução mágica capaz de eliminar as tensões geradas pela posição norte-americana no sistema mundial. Pelo contrário, em alguns casos, as instituições causam sérios problemas, uma vez que alguns países-membros das organizações, que não compartilham os valores e as prioridades norte-americanas, podem criar certas dificuldades. Por exemplo, a China não aceita o ponto de vista norte-americano sobre a democracia. Este também é o caso de países hostis ao poder norte-americano ou de nações que acreditam que o sistema internacional deveria agir com mais agressividade para submeter o poder norte-americano ao Estado de direito.

No mundo, hoje, há dois grupos de países que simplesmente não concordam com a visão norte-americana sobre a ordem mundial e, portanto, divergem dos Estados Unidos em relação a questões, que vão desde o papel das instituições na vida internacional até políticas e prioridades específicas que a comunidade internacional deveria adotar. Um desses grupos defende as idéias da convergência harmônica segundo a sua lógica extrema, ou seja, deseja que o sistema internacional evolua rápido em direção a uma estrutura administrativa genuinamente legal, na qual o poder norte-americano, assim como o poder de todos os países, será controlado e limitado pelas instituições internacionais soberanas. O movimento progressista do século XX assistiu à evolução da política internacional, que surgiu de um passado caótico e terrível de grande rivalidade de poder e ascendeu arduamente em direção a um futuro paradisíaco imaginário, no qual o poder seria subordinado à justiça e o governo mundial acabaria com a guerra.

Na atual política internacional, o "partido do paraíso" é, geralmente, representado por países como a Alemanha ou o Canadá. Tais nações acreditam que o paraíso pode ser alcançado: basta investirmos neste projeto e os Estados Unidos submeterem seu poder às instituições internacionais. Assim, o mundo estaria no caminho da paz permanente. Esses países buscam tornar a rede de instituições internacionais mais densa a fim de dar a elas a responsabilidade sobre questões antes tratadas politicamente, além de garantir às organizações existentes poderes mais amplos sobre os Estados individuais, em especial os Estados Unidos. Para o "partido do paraíso", as instituições internacionais são um governo mundial à espera de assumir o poder e eles, definitivamente, não querem que o período de espera seja longo.

O outro grupo inclui países como a Rússia e a França, que ainda pensam com base na política de poder tradicional e, geralmente, defendem um controle mais amplo do poder norte-americano. Por assumirem uma visão realista de política externa, tais países costumam ter pouca paciência com sonhadores idealistas e suas fantasias sobre um governo mundial imparcial e profissional. Nesse sentido, seus diplomatas tendem a revirar os olhos e sair de fininho quando canadenses inflamados os agarram pela roupa e os forçam a lhes dar atenção, para que possam fazer lobby por regulações globais mais rígidas sobre a crueldade contra os animais. Por fim, acreditam que as relações internacionais, no final das contas, sempre girarão em torno do poder. Essa descrição pode se parecer com o "partido do inferno" do ponto de vista daqueles que vislumbram instituições internacionais efetivas e poderosas. No entanto, o paraíso e o inferno podem concordar em alguns momentos – geralmente, quando tratam da importância das instituições internacionais para restringir o poder norte-americano.

Do ponto de vista dos Estados Unidos, é difícil dizer que grupo é mais inoportuno: os partidários do paraíso ou o extremo oposto. A Rússia, a França e outros poderes conservadores gostariam de derrubar a hegemonia norte-americana, por mais liberal que ela se torne, a fim de reverter o sistema mundial para os antigos hábitos anárquicos da competição multipolar. Especialmente atentos aos próprios interesses nacionais e resistentes à acumulação de poder pelos Estados Unidos, esses países dedicam grande parte do tempo à procura de mecanismos para isolar os norte-americanos, seja perturbando ou sabotando o sistema mundial, e conseguem, em geral, criar problemas para os formuladores da política norte-americana.

O "partido do paraíso" também pode ser frustrante. Washington acredita que fortalecer o poder nacional norte-americano é a melhor forma de solidificar um sistema internacional pacífico, que representaria o cenário mais próximo ao paraíso na terra. Quando alemães ou canadenses discursam em palestras para os norte-americanos sobre a relutância em dar mais poder às instituições multilaterais, os formuladores da política norte-americana se sentem como um motorista de ambulância que corre para prestar um socorro, mas é parado e reprovado por um policial por estar em alta velocidade. As vítimas podem estar prestes a morrer, mas o policial ainda precisa fazer o sermão e a ambulância não pode seguir em frente até que ele finalize seu discurso.

Em muitos casos, para a satisfação de Washington, os dois partidos são semelhantes. O partido do inferno encara de forma cínica a capacidade das instituições internacionais de administrar os conflitos da vida real. Ao mesmo tempo, seus membros não são de respeitar piamente sistemas internacionais estabelecidos. Mesmo assim, acreditam que o fortalecimento das organizações internacionais pode enfraquecer e atrapalhar os Estados Unidos e, caso os norte-americanos resistam contra a ampliação e melhoria destas instituições, eles perderiam influência e aliados uma vez que sua hegemonia parecerá menos liberal e atraente.

O partido do paraíso acredita que as instituições podem, se fortalecidas, substituir políticas externas antiquadas. Sendo assim, o grupo resiste às tentativas norte-americanas de preservar sua liberdade de ação. Se os Estados Unidos tentam, por exemplo, negociar compromissos no estatuto do Tribunal Penal Internacional, a fim de proteger funcionários e militares norte-americanos dos abusos da justiça, o partido do paraíso argumenta que os Estados Unidos contribuem para o enfraquecimento das organizações. O partido do inferno reforça, jubilante e hipocritamente, a crítica. Assim, os Estados Unidos acabam muitas vezes presos no fogo cruzado entre as forças da escuridão e os exércitos da luz. Ambos os partidos apresentam visões diametralmente opostas sobre o mundo e, portanto, nunca poderiam desenvolver em conjunto uma alternativa construtiva ao projeto norte-americano. No entanto, podem e, muitas vezes, concordam em formar uma coalizão negativa para obstruir ou no mínimo complicar os planos dos Estados Unidos.

Na verdade, nenhum dos grupos tem uma posição muito lógica. O partido do paraíso exige, principalmente, que os Estados Unidos empreendam ações militares apenas com a aprovação do Conselho de Segurança. Como a França, a Rússia e a China têm poder de veto, esta posição significa que um país não-democrático como a China, ou aqueles adeptos da antiquada política de poder como a Rússia e a França, podem impedir ações que ameacem seus interesses. O partido do paraíso costuma colocar o do inferno no comando. Um Conselho de Segurança em que Alemanha, Canadá, Dinamarca, Suécia e a Cidade do Vaticano possuam o direito de usar o veto permanente poderia, teoricamente, ser dominado pelas idéias do partido do paraíso. No entanto, em sua forma atual, o Conselho de Segurança defende o veto permanente da conveniência em detrimento do princípio, do interesse nacional sobre o propósito comum da raça humana.

O outro partido é um tanto quanto inconsistente. A Rússia e a França podem e realmente argumentam que têm o direito legítimo de usar todas as ferramentas disponíveis para defender seus interesses nacionais contra o perigoso e crescente poder dos Estados Unidos. Posição bastante justa – a história e o bom senso estão ao seu lado. No entanto, se o que prevalece é a política de poder suja em vez do direito internacional magnânimo, os Estados Unidos também têm o direito de jogar. Se países como a França e a Rússia têm o direito de se opor e limitar o poder norte-americano, os Estados Unidos também podem usar seu poder e influência para reduzir os impactos das ações de seus rivais. No velho mundo da política de poder, o poder só pode demonstrar sua força por meio do poder, não com palavras requintadas nem tratados em papel. Portanto, se a Rússia e a França estiverem certas quanto ao modo de funcionamento do mundo, os Estados Unidos têm o direito, até mesmo a obrigação, de ignorar o Conselho de Segurança de tempos em tempos.

A posição norte-americana fundamental – de que instituições como o Conselho de Segurança são um importante elemento das relações internacionais, mas incapazes de suportar todo o peso implícito na ideologia do partido do paraíso – é a que melhor se adapta às necessidades e às realidades históricas assim como às aspirações da ordem mundial. Contudo, o argumento lógico é insuficiente para lidar com as dificuldades políticas criadas por ambos os partidos, quando estes se unem contra os Estados Unidos.

Portanto, é recorrente que os Estados Unidos não tenham boas escolhas nessas situações. Independentemente do que decidam fazer, um preço será pago. As legalidades e formalidades *podem* reduzir a efetividade do poder norte-americano; o unilateralismo e a ação arbitrária *podem* enfraquecer a cooperação necessária para o alcance de um sistema mundial saudável. Sendo assim, em alguns momentos, os EUA farão sem dúvida escolhas erradas; certamente, é possível também que o preço até mesmo de uma escolha certa seja mais alto do que a nação pode confortavelmente pagar. Mais uma vez, fica claro que os norte-americanos podem controlar bem a tensão; mas não é possível solucioná-la ou dar um fim a ela. Isso é inerente à natureza do papel norte-americano no mundo.

Também é certo que estes problemas têm um modo perturbador de surgir em momentos de crise. A Rússia tentou usar o veto contra a posição norte-americana nos Bálcãs no auge da crise no Kosovo; a crise do Iraque deu à França uma ótima oportunidade de liderar uma acusação global contra os Estados Unidos. Por mais difícil que seja para os formuladores da política norte-americana reconhecer isso, nem todos no mundo consideram o poder norte-americano vantajoso. Nações como a França e a Rússia não identificam os interesses norte-americanos com algum tipo de bem internacional. Uma situação de crise, quando os Estados Unidos precisam que as instituições funcionem, é o momento exato em que os outros percebem uma oportunidade dos céus ou do inferno para impedir, atormentar e atrapalhar a política norte-americana.

5

O DECLÍNIO DO FORDISMO E O DESAFIO AO PODER NORTE-AMERICANO

FALAR SOBRE OS ESTÁGIOS do capitalismo é difícil. Com o tempo, contudo, fica claro que o capitalismo assumiu formas diferentes na história. Em suas etapas iniciais, o capitalismo europeu surgiu em um mundo ainda dominado pelo feudalismo e, por isso, esteve predominantemente confinado a poucos produtores e comerciantes, enquanto a grande maioria da população continuava a viver, na melhor das hipóteses, como camponeses livres em uma economia quase feudal, na qual o dinheiro era raro e o lucro dificilmente um conceito.

A Revolução Industrial, por sua vez, iniciou outro estágio na história do capitalismo, que pode ser chamado de a era do capitalismo vitoriano. Esta foi a época das "indústrias obscuras e satânicas" de Oliver Twist e William Blake. Os trabalhadores eram brutalmente explorados e a competição entre os capitalistas era violenta e irrestrita. As rebeliões e os pânicos financeiros eram freqüentes, causando a falência de empresários e investidores; lutas terríveis de classes em função dos salários e das condições de trabalho influenciavam cada vez mais a política. A regulação estatal da indústria era limitada, permitindo que os capitalistas tivessem grande liberdade de fazer o que desejassem sem qualquer tipo de supervisão. Este é o sistema previsto por Marx, que, segundo ele, um dia seria derrubado por trabalhadores destituídos, mas como sabemos, foi de fato substituído pelo fordismo.

O capitalismo da era fordista era mais generoso, benévolo e previsível do que o seu antecessor vitoriano e, como analisamos, seu apogeu acompanhou e facilitou o estabelecimento do sistema norte-americano após a Segunda Guerra Mundial. O problema é que o capitalismo não parou em Henry Ford e no sistema assim chamado em sua homenagem. A época da regulação, igualdade de renda, planejamento estatal e estabilidade se rendeu, gradualmente, a uma nova forma de capitalismo ao longo da última geração.

Muitos escritores tentaram descrever a diferença entre o fordismo e o que poderíamos chamar de "capitalismo do milênio", o novo sistema que parecemos inventar e explorar. Para alguns, a mudança do fordismo para o milenismo é um progresso dissoluto: o fim de um sistema que produziu paz, justiça, prosperidade em massa e segurança social, e a ascensão de um novo sistema grotesco de desigualdade, instabilidade e competição, em um mundo terrível e neoliberal de rivalidade intensa. Para outros, a transição representa o glorioso triunfo da tecnologia e do espírito empreendedor sobre uma era decadente e estagnada – o novo e mais dinâmico capitalismo é capaz de oferecer oportunidades para eliminar a pobreza e transformar a condição humana.

Ambas as perspectivas, é claro, são em parte verdadeiras. Muitos observadores parecem concordar que Ronald Reagan e Margaret Thatcher foram os primeiros líderes políticos a começar o processo de destruição consciente do fordismo em benefício de uma nova e vigorosa forma de capitalismo. Talvez nunca fique claro por que a transição ocorreu naquele momento e daquela maneira; muitos analistas indicam a ascensão dos mercados estrangeiros e desregulados de "euro-dólares", no final dos anos 1960 e início dos 70, como o começo da mudança econômica. O crescimento da tecnologia de computação teve um papel importante ao tornar os mercados financeiros infinitamente mais sofisticados e complexos do que antes; o crescimento do comércio internacional a partir de níveis bem baixos depois das rupturas da Grande Depressão e da Segunda Guerra Mundial também é considerado um fator.

De qualquer modo, durante grande parte da última geração, instituições e práticas econômicas consideradas antes pilares de uma economia bem-sucedida se tornaram cada vez mais identificadas como obstáculos ao progresso. Sindicatos, a participação estatal em companhias essenciais e estratégias de investimento, orientadas pelo Estado – peças fundamentais do fordismo – encontraram-se sob ataques cada vez mais intensos em todo o mundo.

A globalização da produção assume um papel cada vez mais importante na ruptura do modelo fordista. Partimos de um sistema, no qual poucas empresas nacionais se encarregavam com tranqüilidade de atender mercados estáveis, distribuindo rendas de oligopólios para trabalhadores sindicalizados e acionistas, enquanto bancos controláveis e de baixo movimento eram responsáveis por fazer empréstimos de pouco risco para clientes cativos, para uma estrutura inconstante de competição global. Empregos e companhias surgem e desaparecem dentro de um espaço mínimo de tempo. Assistimos ao progresso do capital destruir a economia fordista e os sistemas internacional e político erguidos junto a ele.

Esse fenômeno, sobre o qual escrevi há 20 anos em *Mortal Splendor: The American Empire in Transition* (*Esplendor mortal: o império americano em transição*)[1], após um começo instável, deu à economia norte-americana uma nova rajada de crescimento e contribuiu para o clima de confiança e invulnerabilidade dos anos perdidos. Embora a transição tenha sido difícil para muita gente nos Estados Unidos, que desejou voltar às décadas anteriores à mudança, o novo capitalismo permanece muito mais popular dentro dos Estados Unidos do que no exterior.

Aqui preciso pedir aos leitores que sejam tolerantes comigo. A transformação do capitalismo nos últimos 20 anos é um assunto digno de um livro. Infelizmente, este é um livro sobre política externa norte-americana; a transformação do capitalismo é um tema muito importante para ser ignorado, mas muito complicado e rico para ser tratado de forma completa. É bem provável que um estudo mais detalhado sobre o assunto nos levasse a abordar o novo capitalismo de um modo diferente do apresentado aqui. Não pretendo dar uma descrição total e teoricamente coerente de algo tão complexo como uma nova (e ainda emergente) forma de organização econômica e social; quero apenas acentuar algumas das características mais relevantes de uma série de mudanças, que configuram as escolhas enfrentadas pelos formuladores da política externa norte-americana.

Uma vez que é preciso nomear os processos, e os termos do capitalismo de Reagan e Thatcher são obviamente muito datados e unilaterais para descreverem um fenômeno ainda crescente e em transformação, escolhi chamar o novo capitalismo de "capitalismo do milênio". Em parte porque a formação do novo capitalismo ocorre no momento da virada do milênio e também em virtude de seu surgimento causar, tanto em seus defensores quanto em seus oponentes, esperanças e medos quase apocalípticos. Além disso, é um termo neutro; tanto aqueles que gostam do novo sistema quanto aqueles que o odeiam podem chamá-lo de capitalismo do milênio sem compromisso ou concessão.

O capitalismo do milênio não é simplesmente um retorno ao capitalismo do *laissez-faire* de uma era anterior. Em 1900, o orçamento federal era aproximadamente três por cento do PIB.[2] Não é um regresso. O padrão-ouro não está prestes a voltar; o dinheiro permanecerá uma medida livremente artificial e política, e os bancos centrais continuarão a intervir nos mercados de crédito. Nos Estados Unidos, o incentivo fiscal ainda está presente como uma ferramenta política e o arsenal de programas de seguro social da época do New Deal, até mesmo anterior a este período, ou ainda dos tempos de Bismarck na Europa, serão retomados e adaptados, mas não abolidos.

É um grande mal-entendido supor que o capitalismo do milênio seja simplesmente uma questão de ausência de regulação. Muitas das regras da época fordista foram derrubadas, mas novas estão sendo criadas. No capitalismo fordista, o mercado era visto como uma força perigosa, que precisava ser controlada e restrita. Pessoas comuns deveriam ser protegidas dos caprichos dos negócios.

No capitalismo do milênio, o papel da regulação é proteger a existência e a eficiência dos mercados a fim de permitir um acesso mais amplo a seus benefícios. O critério das reformas propostas é até questionável, como a substituição de planos de previdência por programas como a Segurança Social – inclusive, há muito o que se argumentar em ambos os lados – mas o objetivo das mudanças é garantir aos indivíduos a oportunidade de acumular posses e de ganhar um rendimento de suas economias na aposentadoria. O fordismo buscou proteger os consumidores do abuso do poder monopolista em indústrias do setor elétrico ou da água, por meio de uma regulação preventiva. Já o milenarismo procura alcançar os mesmos resultados ao promover uma competição mais ampla entre o que foi previamente considerado como privilégio exclusivo natural. Ambos os tipos de regulação permitiram abusos e sabemos que o produto da reforma do milênio nem sempre foi inspirador, mas há uma grande diferença entre as redes reguladoras flexíveis propostas pelo capitalismo do milênio e a ausência total de regulação característica do apogeu do capitalismo vitoriano.

A regulação nacional pode estar diminuindo, no entanto o fortalecimento do capitalismo do milênio cria novas formas de regulação internacional, as quais simplesmente não existiam no passado. Acordos de livre-comércio vão além do que simples contratos de comércio; eles criam novas formas transnacionais de regulação e justiça. Investimento estrangeiro, subsídios industriais, práticas ambientais: todos enfrentam o novo crivo das instituições reformadas.

O capitalismo do milênio também é influenciado em parte pela transição demográfica, que ocorre, hoje, em diferentes locais do mundo. À medida que o crescimento populacional recua e avança muitas das políticas econômicas e sociais relativas ao crescimento demográfico perdem o sentido. Por outro lado, programas de seguro de saúde e, particularmente, de aposentadoria são cada vez menos viáveis em muitos países; para que estes programas continuem a funcionar, a taxa de retorno das economias (tanto sociais quanto individuais) deve aumentar. Em geral, isso significa que decisões de investimento precisam se mover da esfera do Estado e dos programas de subsídio para a lógica do mercado. Essa mudança gera conseqüências significativas para os sistemas políticos e financeiros em todo o mundo e, por isso, desempenha um papel importante na condução da transição econômica.

Outro fator que precisa ser mencionado é que o capitalismo do milênio é uma conseqüência natural e lógica do próprio fordismo. Uma sociedade fordista é consumista; liberados da necessidade de gastar cada moeda com necessidades básicas da vida, os indivíduos começam a se expressar por meio de produtos culturais adquiridos e, assim, as mudanças sociais e culturais podem não se adaptar à estrutura fordista.

Os consumidores tomadores de decisão em uma sociedade fordista desenvolvida também levam a psicologia consumista às instituições sociais. O *baby boom* nos Estados Unidos, a primeira geração a ter a sociedade fordista como experiência de vida, se opôs às organizações e aos limites da época, reinventando tudo, da religião ao governo e às instituições sociais, como o casamento. O indivíduo fordista não quer mais fazer parte de um bloco nem está disposto a delegar a alguns líderes o controle sobre as decisões políticas e sociais. A ordem, a disciplina e a passividade diante do poder, que, por exemplo, esperava-se dos chefes de família de Nova York , quando Robert Moses[3] quis construir uma auto-estrada sobre suas propriedades, desapareceram à medida que os valores do consumidor foram disseminados entre os eleitores. As contradições culturais do capitalismo observadas por Daniel Bell poderiam ser melhor compreendidas no contexto fordista. As condições sociais promovidas pelo fordismo enfraqueceram gradualmente as bases cultural, psicológica e política desta mesma sociedade.

Também é importante traçar uma distinção entre o capitalismo do milênio como um conceito analítico e a globalização. A globalização é de certa forma uma conseqüência do capitalismo do milênio e os dois fenômenos estão claramente relacionados. Graças à popularização do termo globalização, no entanto, é importante definir um nome cujo enfoque sejam as dimensões estruturais das mudanças que recriam o mundo. A globalização e o capitalismo do milênio estão associados, mas não possuem o mesmo significado.

As transformações sofridas pelo fordismo influenciam a política mundial e, em especial, o poder hegemônico norte-americano de um modo mais intenso que a maioria dos norte-americanos pode perceber. Globalmente, o fim do fordismo é bastante impopular perante três públicos, que, infelizmente, são importantes para a política externa norte-americana. De modo geral, os governos e as classes formadas em torno destes grupos *odeiam* o capitalismo do milênio. Em uma economia mundial fordista, os líderes políticos eram capazes de direcionar o dinheiro para determinadas regiões, setores e companhias. Nesse sentido, o Japão e outros países asiáticos usaram este sistema para construir economias de exportação. Na Alemanha, na França e em grande parte da Europa Ocidental, o envolvimento estatal na economia não só ajudou na construção de uma prosperidade industrial estável e planejada, como permitiu a criação dos sistemas de bem-estar social que colocaram um ponto final em um século de conflito social. Na América Latina, a estrutura fordista possibilitou a criação de indústrias nacionais, que estabeleceram ilhas de afluência para setores relevantes da população, além de fornecer instrumentos de controle político e social aos governos. Até mesmo na África, onde a política econômica, independente do modelo, era um fracasso, o fato do Estado ser capaz de controlar e orientar recursos e atividades econômicas – por mais pobres que sejam os resultados para o desenvolvimento – foi fundamental para garantir a frágil estabilidade social e política existente na maioria dos países ao longo das primeiras décadas pós-independência.

Ao mesmo tempo em que fazia a transição interna do fordismo para o milenismo, o governo dos Estados Unidos, com a ajuda fundamental das empresas e dos investidores, pressionavam o resto do mundo para mudar também. Esse processo, na verdade, tornou a nação norte-americana o inimigo de todos os outros países. A França, a Síria, o Brasil, o Japão, a Coréia do Norte, a Nigéria, a Argentina e muitos outros se ressentiam e resistiam à "globalização neoliberal" que ameaçava sua capacidade de elaborar os eventos políticos e econômicos nacionais. Um conflito crescia e Karl Marx o teria reconhecido e interpretado de uma forma precisa: um confronto entre o capital "cosmopolita" do sistema do milênio e o capital "nacional" de países, cujas elites protegiam desesperadamente seus sistemas estatais e fordistas contra novas ameaças.

Durante a Guerra Fria, o poder político e militar norte-americano ajudou a manter a independência desses Estados, uma vez que o sistema econômico os enriquecia e os oferecia mais poder. De forma totalmente diferente, hoje, o poder militar e político predominante ameaça ofuscar e marginalizá-los no "mundo unipolar" que tanto os EUA admiram, enquanto a política econômica norte-americana visa privá-los de seu poder nacional. A única surpresa aqui é que muitos nos Estados Unidos ficaram espantados com a ascensão política da oposição à estratégia norte-americana e da cooperação política contra os Estados Unidos em uma escala global.

Se a oposição estava limitada aos Estados e às elites próximas a eles, os Estados Unidos já testemunhariam um problema de política externa de difícil solução. Infelizmente, a questão tem um alcance maior e chega até os beneficiários, reais ou aspirantes, do antigo sistema fordista. Quando os europeus lêem nos jornais pela manhã que seus governos querem aumentar a idade de aposentadoria, cortar benefícios do desemprego, aumentar pagamentos conjuntos para a saúde, ou elevar a mensalidade das universidades, muitos acusam os Estados Unidos e a globalização neoliberal que, segundo eles, foi imposta ao mundo. Ao mesmo tempo, há muitos políticos ávidos para reforçar essas pragas. Culpar as medidas impopulares, que se propagam por todo o mundo, do traiçoeiro modelo "anglo-saxão" de capitalismo é uma boa estratégia para desviar de tais mudanças a hostilidade.

No mundo em desenvolvimento, a dependência em relação aos subsídios, aos nichos protegidos de mercado e à legislação social da era fordista é ainda mais intensa, embora, em muitos países, somente uma minoria da população possa receber benefícios substanciais. Em países como o Egito, o Peru e a Malásia, os governos fornecem formas de vida mais seguras e não muito exigentes para uma parcela afortunada da população. A "classe dominante" nestes países, geralmente, tem uma ligação próxima com o governo e defende a todo custo a sua própria posição privilegiada. Quando agências ou forças econômicas externas – mercados de câmbio, o Fundo Monetário Internacional, os Estados Unidos – pressionam a favor de mudanças impopulares, a minoria instruída e politicamente ativa resiste de modo quase unânime às reformas impostas. Mais uma vez, quando as concessões são necessárias e impopulares, os políticos culpam as pressões inescrupulosas, embora irresistíveis, dos poderosos, malignos e burocratas "neoliberais" do "consenso de Washington". O resultado é uma mistura perigosa de sentimento antiamericano que foi incentivado em grande parte do mundo, enquanto os norte-americanos se congratulavam sobre o seu irresistível poder não-coercitivo durante esses anos perdidos.

A situação varia de país para país e de região para região, sendo que nem todas as conseqüências da transição econômica são negativas. O fato de os Estados Unidos aceitar grandes déficits comerciais contribuiu para aprimorar as relações entre Washington e Pequim, por exemplo. Por outro lado, nos países asiáticos, onde a população sofreu os piores efeitos da crise financeira de 1997, uma suspeita, às vezes até um ódio, no que diz respeito aos Estados Unidos, visto como uma força arrogante e indiferente, cresce de forma constante.

Na maioria dos casos, não é a pressão diplomática norte-americana (seja direta ou indireta, por meio do FMI ou do Banco Mundial) nem mesmo a pressão econômica a responsável pela mudança econômica. O fordismo está próximo do fim por não ser o método mais eficiente para organizar a produção capitalista. Os subsídios, os custos e a interferência estatal do antigo sistema criaram, no fim das contas, uma rede de custos, corrupção, direitos adquiridos e alocações irracionais de recursos que não podem mais ser tolerados. Como a água, que procura o caminho com menos resistência, o capital busca países, indústrias e firmas onde consiga alcançar os melhores rendimentos. Quando é bloqueado em uma direção, flui com mais força e velocidade para outros rumos. Países que limitam sua busca irrestrita por lucros descobrem rapidamente que o capital investido registra uma taxa de retorno mais baixa do que aquela em outras partes do mundo.

Nada disso importa mais na disputa pela opinião pública. Vivemos, hoje, em um mundo onde milhões, se não bilhões, de pessoas já estão convencidas de que as mudanças inoportunas e confusas que complicam suas vidas apresentam o selo "*Made in USA*".

O ÓDIO XENOFÓBICO da globalização "*Made in USA*" é mais forte no Oriente Médio, já que o apoio durante meio século a Israel estabeleceu uma forte base para sentimentos antiamericanos. O mundo árabe apresenta alguns dos principais exemplos do "fordismo fracassado". O desenvolvimento liderado pelo Estado e as estratégias de educação locais não conseguiram gerar a prosperidade e a diversificação das economias como visto na Europa e na Ásia. Pelo contrário, a rede de indústrias protegidas, os empregos no serviço público e os subsídios para eleitorados politicamente importantes criaram uma certa pseudoclasse média. As ambições e rendas desse grupo social são como as classes médias criadas pelo fordismo em economias mais bem-sucedidas; no entanto, diferente dessas classes, a pseudoclasse média depende de empregos públicos ou do apoio governamental. Até mesmo os negócios se desenvolvem em um ambiente de autorização, regulação, corrupção e proteção.

Miserável e malsucedido, esse sistema, em seu auge, conduziu a transição do colonialismo para a independência e assistiu à construção de determinados elementos básicos da vida industrial, como a rede elétrica e a infra-estrutura urbana. Jovens talentosos, naquele momento, tiveram a maior oportunidade já disponível para escapar dos limites da vida nas pequenas cidades. Um processo de modernização irregular e parcial ocorreu na maioria dos países árabes.

A crise do fordismo árabe persiste há algum tempo. Assim como em outros países, os custos ocultos e diretos dos subsídios fordistas aumentaram com o passar dos anos. Mas, toda subvenção obsoleta e antiquada mantém um eleitorado que luta cruelmente para salvá-la; os custos da proteção industrial e do isolamento proliferam de formas difíceis de se medir, mas fáceis de enxergar, uma vez que as empresas nacionais tornam-se cada vez mais retroativas e os seus produtos apresentam-se, gradualmente, inferiores e custosos, se comparados com os padrões mundiais. Como em muitos países em desenvolvimento, o poder econômico do Estado muitas vezes subiu à cabeça da elite política. O controle sobre a alocação do crédito e sobre a atividade econômica é utilizado para consolidar uma máquina política poderosa capaz de enfraquecer a oposição, permitindo o domínio incontrolável da indolência e da corrupção.

A explosão populacional no mundo árabe piorou drasticamente esses problemas. Embora todo ano vários jovens se formem em universidades, apenas uma fração deles é absorvida pelo mercado graças aos negócios estagnados e às burocracias governamentais. As vibrantes e bem-sucedidas sociedades fordistas da América do Norte e da Europa ocidental se desenvolveram relacionadas ao crescimento demográfico que garantiu uma força de trabalho em expansão para estas economias, que souberam administrar os segredos do pleno emprego nas estruturas nacionais reguladas das avançadas democracias industriais no mundo pós-Segunda Guerra Mundial. O fordismo frustrado dos países em desenvolvimento, principalmente no mundo árabe, não se mostrou capaz o suficiente para vencer este desafio da falta de empregos. No entanto, grupos formados por proletariados instruídos, que hoje não têm perspectiva de segurança econômica, foram educados a ter expectativas e exigir. Engenheiros civis, advogados, médicos e dentistas são economicamente marginalizados e não encontram patrões capazes de lhes proporcionar empregos garantidos ou com apoio estatal. Como muitos países árabes oferecem, hoje, opções políticas limitadas, os cidadãos insatisfeitos são incapazes de expressar o seu ressentimento por meio de canais políticos convencionais. Neste contexto, a população serve como fonte primária alternativa para o estabelecimento da classe islâmica dominante: uma alternativa não-estatal, constituída a partir da frustração e, em parte, do ódio, com oportunidades disponíveis de trabalho.

Este processo é associado à exigência – vista como "*Made in USA*", mas sem levar em consideração sua origem – de desguarnecer subsídios, liberar economias à competição externa, permitir o investimento estrangeiro e cumprir todos os outros requisitos impostos pelo capitalismo do milênio. Portanto, os Estados Unidos – controlados por criminosos de guerra sionistas, são a fonte do entretenimento e de idéias pornográficas e perturbadoras, que corrompem os jovens, fazem alianças com tiranos locais corruptos e xeques do petróleo para roubar recursos pertencentes ao povo – são o mesmo país a exigir, neste momento, que todo o Estado seja arrastado para um redemoinho de miséria e usura.

O vácuo entre o Oriente Médio árabe e os Estados Unidos é somente ampliado em função do modo pelo qual a transição norte-americana do fordismo para o capitalismo do milênio ressaltou o aspecto da sociedade fordista de difícil aceitação para o Oriente Médio: o espaço crescente para mulheres e homossexuais desprezarem convenções e viverem segundo seu próprio estilo de vida. Nos Estados Unidos, e ainda mais nas representações da vida norte-americana disseminadas pela mídia global, mais e mais pessoas agem de modo a desafiar os valores tradicionais da sociedade muçulmana, em particular. O acesso mais amplo à mídia externa em todo o Oriente Médio significou a divulgação praticamente incontrolável das imagens dos Estados Unidos pós-fordista e recém-libertino, deixando pais e tradicionalistas extremamente preocupados. Do ponto de vista do Oriente Médio conservador, a união do crescente poder militar dos Estados Unidos com a ampla disseminação da sua mídia imoral, somada à grande influência e presença de seu modelo e métodos econômicos, tornou a presença norte-americana na região insuportável. Será necessário mais do que educação escolar e anúncios de televisão para superar estes problemas.

6

BUSH, OS NEOCONSERVADORES E O RENASCIMENTO NORTE-AMERICANO

Grande parte do sistema internacional gostaria de voltar à época da economia política fordista e permanecer lá, mas as idéias e os valores do novo capitalismo do milênio estão conquistando cada vez mais espaço no Partido Republicano e na vida norte-americana.

Como se constatou anteriormente de várias formas, os valores e as atitudes sociais promovidos pelo capitalismo do milênio apresentam uma série de semelhanças com o tradicional individualismo, que foi marginalizado e contido pelo fordismo. Esse acidente histórico é responsável por alguns dos estranhos rótulos políticos identificados, hoje, no discurso norte-americano. Por exemplo, os partidários revolucionários do capitalismo do milênio, cujos projetos visavam à destruição das estruturas fordistas sobreviventes e de seus programas sociais, são chamados de "liberais".

Os empreendedores do capitalismo do milênio não são, como os anteriores, conservadores anti-New Deal, um protesto contra-revolucionário que se opõe ao fordismo com um pé, pelo menos, no sistema agrário anticapitalista (e racista) do velho Sul. O novo movimento sente o vento da história nas costas; atrai cada vez mais jovens para o seu lado e acredita estar lutando pelo futuro.

Os artífices do renascimento norte-americano – aqueles defensores da transição em direção ao capitalismo do milênio – não buscam apenas reviver o individualismo e outros valores dos Estados Unidos anterior ao New Deal, mas acreditam que as novas liberdades e políticas propostas pelo capitalismo do milênio impulsionarão o renascimento do poder norte-americano (e de seus valores) em todo o mundo.

Esta é uma ideologia afirmativa e autoconfiante que, depois de evoluir ao longo de uma geração, deixou de agir de forma defensiva no que diz respeito à política nacional. Hoje, os que apóiam essa ideologia acreditam que a vitória interna anuncia nada menos que o amanhecer de um segundo século tipicamente norte-americano. Os artífices do renascimento acreditam que a revolução não é apenas um fruto da necessidade como foi no fordismo, mas assim como este, a nova economia política pode enfim servir como plataforma para uma reforma progressiva do projeto norte-americano focado na ordem mundial.

A ambição dos que sustentam a idéia de um renascimento norte-americano não é simplesmente acrescentar mais uma voz ao refrão sobre as questões políticas. O seu objetivo – e eles estão mais próximos de alcançá-lo do que muitos percebem – é substituir o debate dos últimos 50 anos por uma nova discussão. Eles não querem apenas tornar o Partido Republicano dominante na olítica norte-americana, mas desejam reivindicar o terreno disputado por ambos os partidos.

Os reformistas são tão ambiciosos na política externa quanto nas questões nacionais. Historicamente, a política externa norte-americana tem sido formulada por meio de debates entre nacionalistas econômicos (hamiltonianos), internacionalistas idealistas (wilsonianos), isolacionistas (jeffersonianos) e nacionalistas populistas (jacksonianos). Os reformistas norte-americanos não desejam estabelecer um quinto partido para concorrer com os outros quatro; eles querem dominar todos os quatro antigos partidos e reconstruí-los sob a ótica das idéias do renascimento.

Um dos sinais mais claros de que o renascimento norte-americano não é um movimento reacionário está no fato de que a maior parte de seu pensamento surge da corrente hamiltoniana, que, historicamente, representa o pensamento avançado da elite empresarial nos Estados Unidos. No governo de George Washington, Alexander Hamilton formou uma coalizão de ricos líderes de negócios e finanças que defendiam a importância de um governo nacional forte para a economia norte-americana. Theodore Roosevelt se considerava um hamiltoniano e muitos dos reformistas progressistas, que intermediaram a ascensão do capitalismo fordista nos Estados Unidos, são provenientes desta escola. A popularidade das idéias do renascimento norte-americano entre os atuais hamiltonianos reflete o quanto as mudanças estruturais na economia influenciam na condução e na elaboração das novas ideologias que disputam, hoje, o poder.

ASSIM COMO OS HAMILTONIANOS tomaram a iniciativa de formar o consenso fordista – e de traduzir as suas idéias para a política externa –, a nova geração deles tem desempenhado um papel fundamental na elaboração da nova economia política pós-fordista. Ao longo do século XX, os negócios norte-americanos se institucionalizaram e passaram a ser pensados de forma institucional como nunca antes. Durante a maior parte da história norte-americana, é possível testemunhar um rápido movimento de surgimento e quebra de empresas. No entanto, entre 1923 e 1973, o empreendedorismo norte-americano apresentou um grau incomum de estabilidade – com exceção da confusão gerada pela Grande Depressão. Durante parte deste período, uma relação relativamente calma entre negócios importantes e o grande trabalho possibilitou que a rentabilidade dos oligopólios e dos grandes monopólios (como a AT&T) fosse compartilhada com os principais acionistas. Empresários, de modo geral, aceitaram e passaram a acolher bem o clima regulador do New Deal e dos anos subseqüentes por acreditarem que as vantagens da estabilidade macroeconômica e da paz social valiam mais a pena que os custos da inflexibilidade e da tributação impostos pelo novo sistema. Os antigos republicanos à la Rockefeller e seus moderados colegas democratas representavam esta visão na política norte-americana, cujos efeitos foram mais intensos entre 1940 e 1975.

O poder cada vez maior dos hamiltonianos do renascimento mostra que mesmo depois da explosão dos websites e da efervescência tecnológica, um ambiente empresarial profundamente modificado e reenergizado permaneceu em vigor. Desde os anos 1970, o capitalismo competitivo irrestrito tem assumido um espaço cada vez maior em Wall Street. O ritmo da competição empresarial está mais acelerado e o dinamismo da competição comercial norte-americana, hoje, ultrapassa de muitas maneiras a intensidade incandescente do capitalismo do século XIX: grandes empresas nascem e desaparecem – ou se mudam para o exterior – no espaço de tempo de uma única década. A flexibilidade tornou-se mais importante para os negócios de vanguarda dos Estados Unidos do que a estabilidade macroeconômica. A União Européia – considerada um mercado "maduro" que cresce devagar e envelhece com rapidez, além de exigir um custo excessivo nas negociações de comércio global e em assuntos tais como a regulação antitruste – deixou de ser o principal parceiro para os novos hamiltonianos assim como era (e ainda é) para os antigos. O apoio ao livre comércio é um dos poucos pontos de continuidade entre antigos e novos hamiltonianos; nesta questão, ambos discordam dos hamiltonianos do século XIX, que defendiam a proteção industrial por considerá-la necessária para o desenvolvimento dos negócios norte-americanos.

Um aspecto central da nova conduta hamiltoniana de política externa é o papel do estreante complexo industrial-militar de alta tecnologia. A revolução nos assuntos militares, focada no moderno setor de armamentos, que conta com sistemas de tecnologia avançada, inclusive de base espacial, não é só uma estratégia para aumentar a vantagem norte-americana sobre outros poderes militares. De acordo com seus defensores, tais investimentos tornam o orçamento de defesa um poderoso instrumento do desenvolvimento econômico, uma vez que o gasto com defesa estimulará novas gerações de pesquisa e a elaboração de tecnologias de vanguarda. Ainda não está claro se esse processo renderá frutos; os economistas clássicos do *laissez-faire* argumentariam que a intervenção do governo desviaria o capital de investimentos e de pesquisas produtivas para tecnologias militares efetivas, mas com menos utilidade. Independentemente do resultado, os novos setores industriais e a dinâmica que geram para outros setores civis, vão provocar um importante impacto político, assim como a antiga indústria aerospacial, que apoiou os falcões da Guerra Fria – Henry "Scoop" Jackson no estado de Washington e Ronald Reagan e Richard Nixon na Califórnia.

Há ainda mais uma diferença entre hamiltonianos fordistas e reformistas: a confiança. A elite governante empresarial fordista-hamiltoniana da era da Guerra Fria acreditou que, no início, partes da Europa ocidental e do Japão e, em seguida, partes do mundo em desenvolvimento surpreenderiam os Estados Unidos. Apesar do receio ser hoje ignorado, durante os anos 1950 e 1960, tanto a Europa ocidental quanto o Japão cresceram muito mais rápido que os Estados Unidos em quase todos os indicadores de desempenho, da produtividade ao emprego. Nos anos 1970, o mundo testemunhou os primeiros sinais do milagre do crescimento asiático e, para muitos observadores (inclusive eu), a década de 1980 indicava o fim do período da supremacia tecnológica e econômica norte-americana. Desde então, o tabuleiro virou mais uma vez e a economia nore-americana deixou seus rivais para trás – pelo menos neste momento, a liderança parece duradoura. Conseqüentemente, os hamiltonianos reformistas confiam mais do que seus antecessores no exclusivo segredo do sucesso da economia política anglo-americana, e acreditam que se os Estados Unidos permanecerem fiéis aos seus próprios valores, continuarão a liderar a vanguarda da inovação tecnológica global e do dinamismo econômico. A fragilidade estrutural das economias européias (e o declínio demográfico de suas populações) enfraquece o continente como competidor internacional; assim como a instabilidade institucional e os problemas políticos do Leste e do Sul da Ásia, e da América Latina, reduzem a necessidade norte-americana de se preocupar com novos desafios nestas partes do mundo.

■

AO MESMO TEMPO que o renascimento norte-americano transforma alguns hamiltonianos, a corrente wilsoniana ressurge na política externa, e de forma literal. As questões principais do protestantismo que fundamentaram a tradição wilsoniana do internacionalismo progressivo estão perdendo força para as idéias fundamentalistas e evangélicas. Além disso, a Igreja Católica, também defensora do multilateralismo institucionalizado como base para a política externa norte-americana, está mergulhada num período de crise profunda e de mudança em virtude dos escândalos sexuais entre eclesiásticos, que paralisaram sua liderança nacional. Assim como uma coalizão de judeus e cristãos conservadores defensores de Israel mudou a abordagem republicana tradicional sobre a questão israelense-palestina, o mesmo grupo desenvolve, hoje, uma nova versão da agenda wilsoniana para as relações internacionais norte-americanas.

Desde o debate sobre o Tratado de Versalhes[1] até os dias de hoje, a opinião wilsoniana, nos Estados Unidos, se concentrou em três idéias principais: 1) Há uma ligação vital entre a segurança norte-americana e a busca focada nos valores norte-americanos por meio da política externa; 2) As instituições globais devem ter um papel essencialmente decisivo na vida internacional; e 3) Uma vez que a via principal do protestantismo abandonou seu empenho teológico e à medida que católicos, judeus e norte-americanos não-religiosos assumiram um papel crescente na política wilsoniana, as questões associadas ao conceito de valor deveriam ser orientadas por termos basicamente seculares em detrimento da mensagem de valores cristãos protestantes de gerações anteriores.

O grupo dos wilsonianos reformistas conta com a participação da maioria dos intelectuais da política neoconservadora – estudiosos que têm desempenhado um papel de extrema importância nos debates republicanos sobre política externa ao longo dos últimos anos, incentivando a reestruturação da agenda wilsoniana. Intelectuais neoconservadores estimularam o elo entre o idealismo e a segurança, argumentando, por exemplo, no caso do Oriente Médio, que somente a busca agressiva dos valores ideológicos norte-americanos seria capaz de lidar com as ameaças de segurança que os Estados Unidos enfrentam hoje. O desprezo pela perspectiva clintoniana de construção de nação[2] tão comentado durante os primeiros anos do governo Bush revelou-se como um desdém à construção de nação segundo o antigo perfil wilsoniano, composto de instituições internacionais e valores seculares. Assim como os hamiltonianos confiam na capacidade da economia norte-americana de conseguir se distanciar da competição com base no renascimento dos valores tradicionais representados na economia do milênio, os wilsonianos reformistas defendem a idéia oposta: os valores tradicionais são imprescindíveis, tão comprovadamente superiores e tão populares que podem arrebatar e reformular o mundo.

Wilsonianos reformistas, de fato, confiam menos no segundo elemento da agenda progressiva wilsoniana. Os antigos wilsonianos acreditavam (e acreditam) que instituições internacionais garantem a legitimidade e a objetividade necessárias para o exercício do poder voltado para os direitos humanos e para os valores internacionais. Além disso, ao adotarem o conceito universal de direitos humanos, eles rejeitam a idéia de que uma nação, por mais esclarecida, seja capaz de servir como juiz, júri e fiscal do mundo. Os wilsonianos pertencem por tradição ao partido do paraíso e buscam transcender um modelo, considerado por eles falho, limitado e naturalmente perigoso, que prevê o domínio norte-americano sob um governo internacional genuinamente consensual, legal e até mesmo superior militarmente.

Aqui as experiências históricas e culturais de protestantes sectários e judeus perseguidos se uniram para produzir um conflito exaltado contra a antiga ortodoxia internacionalista wilsoniana. A via não-tradicional do protestantismo norte-americano foi formulada diante da suspeita e da rejeição de instituições universais como a Igreja Católica, e a resistência ao ideal de um Estado mundial único é uma parte importante da visão de mundo teológica do evangelismo norte-americano contemporâneo. Os judeus europeus modernos assistiram à "comunidade internacional" permanecer apática enquanto milhões de judeus morriam no Holocausto; desde então o povo judeu tem testemunhado o trabalho viciado, unilateral e muitas vezes percebido como anti-semita da Assembléia-Geral[3] contra o Estado judeu, estabelecido como um refúgio para as vítimas da perseguição nazista. A mesma Assembléia-Geral que é a principal representação política da chamada "comunidade internacional". Como o escritor de salmos pergunta, "Por que as nações se enraivecem tão tempestuosamente nos dias hoje? E por que as pessoas imaginam algo fútil contra o Senhor e seus Sagrados?" Os cristãos norte-americanos de direita se uniram a muitos judeus norte-americanos não só para defender Israel contra seus inimigos, mas também para resistir contra o que consideram a mais profunda falha, que inclusive tem por base uma moral perversa, da maioria das elites governantes mundiais. Para wilsonianos reformistas, os Estados Unidos devem fazer cumprir os princípios e valores universais a despeito da probabilidade de oposição proveniente das instituições e das elites, vistas pelos antigos wilsonianos como aliados necessários e naturais.

A aliança da *realpolitik*[4] com a política externa com base nos valores é uma das características inconfundíveis do pensamento neoconservador e dos novos wilsonianos, e impressiona muitos observadores como uma parceria improvável e insustentável. Contudo, é mais fácil compreender, se entendermos que, para os neoconservadores e para os wilsonianos reformistas em geral, o poder norte-americano é o *summum bonum*[5]. da política mundial. O final é tão nobre – a preservação e o aprimoramento do único poder capaz de liderar o mundo para um rumo positivo – que os meios realistas se tornam completamente justificáveis. Mais uma vez, um paralelo com a experiência israelense pode ser traçado. O Estado será a expressão dos ideais do povo judeu somente se for o guardião de sua segurança física; portanto, é possível defender um sionismo idealista e, ao mesmo tempo, apoiar uma política externa realista para Israel.

Esta transição contribui para dar um novo vigor à política externa norte-americana. A tendência geral da política externa wilsoniana é a de que os Estados Unidos atuem de forma ativa e intervencionista. Um sentimento de obrigação moral leva os wilsonianos a perseguir monstros, que os pensadores realistas, em geral, preferem não perturbar. No antigo wilsonianismo, entretanto, esse impulso foi relativamente censurado pelas idéias wilsonianas de direito internacional, da moralidade das nações e por causa da preferência pelas instituições internacionais. O wilsonianismo reformista é menos moderado: em paz com a *realpolitik*, só pode ser dissuadida na prática da política externa em termos pragmáticos.

Paradoxalmente, a ascensão da *realpolitik* wilsoniana acompanha uma tendência comum entre os wilsonianos reformistas de promover especificamente valores cristãos em detrimento dos humanistas, seculares e liberais, na política externa. De volta às origens do wilsonianismo do século XIX, enraizado entre missionários e protestantes fervorosos, os wilsonianos reformistas estão construindo uma forte coalizão que associa a direita cristã a uma estratégia de intervenção assertiva e de longo prazo para a prática de construção de nação no exterior, apesar de internamente adotarem um programa de fortalecimento dos valores e das instituições religiosas. Em parte, isso ocorre por causa do fortalecimento do poder e da política norte-americana no Oriente Médio, garantido por wilsonianos recém-convertidos. Outra razão deriva do fato de secularistas conservadores e judeus poderem compartilhar os medos da direita cristã em relação ao impacto de longo prazo provocado por uma cultura pública secular agressiva em busca do prazer nas estruturas morais e, portanto, no vigor do povo norte-americano. Muitos conservadores não-cristãos se sentem razoavelmente confortáveis com essa faceta da ideologia wilsoniana sobre a vida norte-americana. Diante desse cenário, a hegemonia cultural do ecumenismo liberal fordista é desafiada por um ecumenismo conservador do milênio na política interna e internacional.

Essa é uma ideologia cujo poder pode ser facilmente subestimado por aqueles que não compartilham as mesmas suposições. A projeção da fé e de valores religiosos na arena da política externa apresenta um apelo enorme, além de um amplo poder de repercussão em milhões de norte-americanos. As esperanças e os medos apocalípticos (literalmente) despertados por eventos no Oriente Médio – e a guerra contra o terror – reforçam essa preocupação tradicional norte-americana em uma época na qual o interesse religioso parece aumentar não só nos Estados Unidos, mas em todo o mundo. Na África, onde o desastre humanitário em larga escala convive lado a lado com a disputa entre o islã e o cristianismo pelo domínio deste enorme e estratégico continente, forma-se uma arena, na qual o interesse nacional e a religião estão misturados de maneiras importantes. A capacidade dos wilsonianos reformistas de conquistar o apoio afro-norte-americano para uma aproximação com a África com base na fé não deve ser ignorada e, provavelmente, não será ignorada por estrategistas políticos republicanos.

Em relação à aliança entre cristãos evangélicos e judeus ortodoxos, os céticos afirmam que os primeiros somente concordarão com a parceria se os judeus receberem Cristo como seu salvador, caso contrário, eles queimarão por toda a eternidade nas chamas do inferno. Esta crença, somada ao anti-semitismo do milênio, é a garantia, segundo os críticos, de que mais cedo ou mais tarde a aliança evangélica-ortodoxa será rompida.

No entanto, eles ignoram o fato de que muitos cristãos evangélicos norte-americanos, hoje, ao contrário da maioria de seus antecessores, preferem deixar a conversão dos judeus para Deus. A interpretação da profecia bíblica mais aceita entre os evangélicos norte-americanos prevê conversões em massa dos judeus para o cristianismo nos dias finais, mas entende que o processo é o resultado de um inesperado milagre de Deus e não dos esforços missionários dos cristãos. Embora os evangélicos, certamente, estejam sempre ávidos em ajudar os judeus a encontrar Cristo e organizações como a *Jews for Jesus* continuem a converter judeus, os cristãos evangélicos norte-americanos de hoje estão em sua maioria preocupados com seus inimigos aqui e agora, deixando o futuro religioso de Israel nas mãos de Deus. Em função da atenção comum em relação ao futuro de Israel e da resistência compartilhada contra a consciência falsa e corrupta da "comunidade internacional", para vinculá-los ao exterior, e contra a secularização da cultura norte-americana no próprio país, os evangélicos norte-americanos e os judeus ortodoxos parecem prontos para escrever um capítulo novo e original da longa e problemática história das relações entre as crenças. Portanto, a aliança deles pode ser bem mais intensa e estável do que muitos observadores acreditam.

Além do mais, a desinstitucionalização do projeto wilsoniano proposta pelos reformistas é potencialmente popular entre muitos norte-americanos. Os valores democráticos e os direitos humanos wilsonianos são melhor aceitos entre os norte-americanos do que nas instituições wilsonianas. A rápida preparação para a guerra no Iraque é um exemplo impressionante do fraco apoio norte-americano a favor das instituições internacionais. Durante o outono de 2002 e o inverno de 2003[6], os antigos wilsonianos e seus aliados europeus puderam acompanhar pelas pesquisas de opinião que muitos norte-americanos exigiam a aprovação da ONU para qualquer invasão. Isso parece ter levado os franceses, entre outros, a subestimar o preço que o governo Bush estava disposto a pagar para conseguir a autorização do Conselho de Segurança para iniciar a guerra. No entanto, eles nunca se questionaram sobre como os norte-americanos reagiriam caso a França, a Rússia e a China levassem à frente, em conjunto ou separadas, o direito de veto sobre as ações definidas por um presidente norte-americano como necessárias à autodefesa do seu próprio país. Uma vez que a questão foi apresentada dessa forma, a opinião pública norte-americana passou a apoiar a guerra (talvez temporariamente). O unilateralismo na defesa da liberdade não é um defeito, como Barry Goldwater[7] teria dito.

Uma preferência pelos princípios do multilateralismo é sempre uma proposição difícil de defender na política norte-americana. Embora muitos críticos da política externa de Bush tenham considerado o que testemunhavam como uma falha do governo por não ter seguido uma abordagem mais multilateral, basta olhar a ala liberal da Igreja Episcopal para ver o quanto este multilateralismo com princípios, na verdade, é superficial. A decisão da diocese de New Hampshire de decretar um bispo homossexual não-celibatário deflagrou uma crise na Comunhão Anglicana, na qual a maioria dos bispos africanos conservadores (representando a maior parte de crentes anglicanos no mundo) se opuseram amargamente ao que identificaram como uma ação unilateral dos episcopalianos norte-americanos. O reverendo de direita Frank Griswold, um dos críticos mais ativos da política externa de Bush, defendeu a posição da diocese de New Hampshire e do ramo norte-americano da igreja com base no pretexto de que esta era uma questão de consciência. O Espírito Santo, assim, estava incentivando episcopalianos norte-americanos a adotar lésbicas e gays como membros do Corpo de Cristo. Sujeitar o apelo do Espírito às intermináveis deliberações realizadas nas instituições internacionais foi uma violação da consciência e da obrigação cristã. Na política episcopal, são os conservadores – muitas vezes defensores políticos do governo Bush – que deploram o unilateralismo liberal e exigem a conduta multilateral. Para muitos norte-americanos, o multilateralismo é um bastão utilizado pelas minorias para atacar as políticas às quais são contrárias. Livrar o impulso wilsoniano das obrigações impostas pelos princípios multilaterais dificilmente afetará os wilsonianos reformistas, mas vai contribuir com a capacidade dos neoconservadores e de seus aliados de impulsionar a política externa norte-americana a seguir um rumo mais ativo.

Finalmente, como o movimento neoconservador permanece na vanguarda do wilsonianismo reformista, muitos observadores notam que não há tantos neoconservadores, até mesmo no Partido Republicano. Principalmente, depois da demonstração do otimismo neoconservador exagerado em relação às possibilidades de um progresso rápido no Iraque do pós-guerra, os críticos anteciparam que o movimento neoconservador talvez tivesse perdido seu apogeu de influência na política norte-americana.

A suposição, como dizem, é sempre arriscada, especialmente quando envolve o futuro, mas eu, pessoalmente, não desprezaria os wilsonianos reformistas tão rápido.

Está na natureza da religião nos Estados Unidos o fato de que a elite religiosa tentará moldar a política externa norte-americana a fim de que esta reflita os seus valores. A ascensão de movimentos religiosos conservadores, evangélicos, pentecostais e fundamentalistas – um dos maiores e mais importantes fenômenos culturais nos Estados Unidos durante a última geração – estabeleceu a base para um novo tipo de classe religiosa dominante. No passado recente, a direita religiosa sentiu-se isolada do processo político, especialmente das questões de política externa. No entanto, o cenário mudou e os líderes das forças religiosas estão cada vez mais poderosos, participando do processo político, e ajudando a formá-lo. À medida que a política externa norte-americana passa a girar em torno da luta contra os fanáticos do Oriente Médio, que dizem lutar uma guerra santa contra os Estados Unidos, a liderança religiosa, protestante e conservadora norte-americana terá um papel essencial nas articulações de valores e idéias pelos quais muitos norte-americanos vão desejar lutar.

O movimento neoconservador – relativamente pequeno em número, de origem socialista e nortista e de maioria judaica – perderá provavelmente uma parte de seu poder relativo à medida que o grupo dos wilsonianos reformistas cresce e se desenvolve. A forma final de um wilsonianismo reformista talvez tenha mais gosto do Cinturão Bíblico[8] do que do Borscht[9], além de, provavelmente, perder algum rigor intelectual, uma das grandes forças dos movimentos neoconservadores. Pode até se aproximar mais de um movimento religioso do que intelectual, mas a tendência é de que seja bem maior do que é hoje e que tenha vínculos bem mais sólidos com as lealdades e organizações populares. O apóstolo, responsável por levar o evangelho neoconservador aos gentios, pode transformar o movimento de forma tão intensa quanto Paulo de Tarso fez em relação ao precoce "movimento de Jesus", quando fundou a igreja gentia; mas me parece que o movimento emergente e crescente wilsoniano reformista será o canal por meio do qual as propostas neoconservadoras alcançarão milhões de pessoas, que nunca ouviram falar do jornal do Comitê Judaico Americano, o *Commentary*.

Entretanto, wilsonianos reformistas enfrentam o mesmo problema básico que seus colegas não regenerados no passado. De modo geral, o povo norte-americano não quer enviar forças militares (e dólares) a todos os locais e a todas as causas apoiadas pelos wilsonianos. O governo Clinton esbarrou nesses limites no Haiti e nos Bálcãs; já o de Bush os descobriu durante os meses de teste entre a queda de Bagdá e a captura de Saddam Hussein. Novos e antigos wilsonianos podem fazer grandes discursos sobre a reestruturação do Oriente Médio, mas tanto a opinião pública quanto o Congresso precisam ser convencidos (dependendo do caso, por inúmeras vezes) de que a ação norte-americana é necessária e possível.

Os neoconservadores e seus colegas renascidos parecem mais vulneráveis às tentações wilsonianas de exceder os limites do que os wilsonianos fordistas, que aprenderam a arcar com esses problemas desde a rejeição do Tratado de Versalhes. No entanto, eles são rápidos aprendizes e a demografia está ao lado deles. O aumento do número de evangélicos protestantes que têm acesso à mais afluência, participação política e educação sugere que, no mínimo, durante a próxima geração, testemunharemos a ascensão e a consolidação da classe dominante evangélica, que entenderá o papel mundial dos Estados Unidos de uma forma diferente daquela do paradigma protestante de declínio e morte, que certa vez definiu a agenda wilsoniana. Portanto, qualquer um que considere o wilsonianismo reformista um fenômeno passageiro ou temporário da política externa norte-americana, certamente, interpretou os sinais dos tempos de modo equivocado.

A ascensão das facções hamiltonianas e wilsonianas influenciadas pelas idéias reformistas norte-americanas claramente ajudou a preparar o terreno para uma nova era na política externa dos EUA. No entanto, a chave para a mudança política na sociedade norte-americana e, conseqüentemente, na orientação da política externa é a redução do apoio dado pelos nacionalistas populares norte-americanos, chamados de "jacksonianos" em meu livro *Special Providence* (*Providência especial*), ao fordismo. O declínio dos valores socialdemocratas entre os chamados democratas de Reagan dos estados industriais (e ex-industriais) do Nordeste, e o interesse elevado do clássico individualismo anglo-americano pelos descendentes das comunidades de imigrantes do final do século XIX e início do XX dos Estados Unidos, associados à ascensão do Partido Republicano moderno nos estados antes confederados, foram mudanças relevantes na cultura norte-americana e o impacto completo disso ainda será sentido. Sem o legado do racismo, antes parte integral da identidade populista norte-americana, e desvinculado do ingênuo sentimento agrário que tornou o antigo populismo nos EUA tão cético em relação aos mercados, a combinação do excepcionalismo norte-americano, que se opôs a um grande populismo governamental e a um individualismo desafiante, característico de muitas cidades pequenas e rurais dos Estados Unidos no século passado, parecia tão condenado quanto o ferreiro da aldeia na época do New Deal. No entanto, o movimento se consagrou como uma força política importante no país desde o início do século XXI.

Política e culturalmente, a natureza coletiva e institucional da sociedade fordista sempre foi o calcanhar-de-aquiles nos Estados Unidos. Apesar de ambas as formas existirem e estarem presentes em todas as épocas da história norte-americana, se comparadas a várias partes do mundo, percebemos que os norte-americanos tendem a evitar a ação coletiva social e a busca de soluções aos problemas econômicos a fim de favorecer a ação individual. Eles preferem resolver seus próprios problemas. Optam por se isolar das classes trabalhadoras em detrimento de lutar junto aos outros para melhorar as condições de trabalho. Para eles, é melhor ir à escola à noite e pertencer ao conselho administrativo do que aos sindicatos. Há muito tempo, sociólogos e historiadores se dedicam a explicar o porquê disso acontecer, e a preferência não é nem universal nem incondicional. No entanto, tentativas de construir partidos e movimentos de comércio com base em fatores econômicos em vez de sociais e culturais têm alcançado menos sucesso na política norte-americana do que em quase qualquer outra democracia industrial avançada.

A sociedade fordista gira em torno de classes, massas e blocos. A era dos grandes negócios, grandes empregos e grandes governos foi de compromissos negociados entre grandes blocos relativamente monolíticos. A sociedade fordista é também bastante controlada por administradores, burocratas e por especialistas com autoridade e autonomia significativa para resolver problemas, como muitos anjos nos redemoinhos da vida norte-americana.

Os Estados Unidos jacksonianos odeiam este tipo de sociedade, uma vez que não confiam em instituições nem em burocratas, e defendem que é preciso manter os "especialistas" sob controle acirrado. Há duas gerações, essa suspeita era menos importante do que é hoje. Os imigrantes urbanos e do Norte estavam mais próximos de suas origens européias. Eles se sentiam quase sempre confortáveis em um mundo onde padres e freiras definiam o certo e o errado, o sindicato organizava sua vida econômica e trabalhista e o aparelho político urbano tratava de questões políticas. No Sul, a situação era bastante diferente: a pobreza opressiva e o desespero causado pela Depressão tornou Franklin Roosevelt um salvador, apesar de defender um governo intervencionista e de sua mulher, Eleanor, ter opiniões liberais suspeitas sobre a questão racial.

Para muitos jacksonianos, o equilíbrio das forças culturais e econômicas presente nos Estados Unidos, hoje, não tende mais a favor do fordismo. Os descendentes das massas de imigrantes de operários urbanos vivem nos subúrbios e aprenderam a não confiar nos políticos nem em líderes trabalhistas – recentemente, nem mais nos padres. Os brancos do Sul não são mais tão dependentes da política do New Deal para conseguir de comida para as crianças até eletricidade nos lares. Dúvidas sobre a dissolução a longo prazo da Segurança Social e da Saúde Pública enfraqueceram a confiança popular na viabilidade econômica do modelo fordista: muitos jacksonianos acreditam que o governo intervencionista vá recolher altos impostos em vez de gerar benefícios reais.

A confluência do individualismo tradicional norte-americano e as contradições culturais do fordismo antes mencionadas criaram uma dinâmica antifordista poderosa na política contemporânea nos EUA. Os laços étnicos, antes uma peça fundamental das instituições políticas e sociais da coalizão democrática do New Deal, se dissolveram, de forma gradual, à medida que a política de habitação fordista transferiu as pessoas de mesma etnia de vizinhanças urbanas para subúrbios estratificados economicamente em vez de etnicamente. Os automóveis, que Henry Ford desejou que a classe trabalhadora adquirisse, criaram tipos muito diferentes de interação social e econômica. Os trabalhadores de uma fábrica não tendem mais a viver próximo às plantas; profissionais precisam viajar através e em torno de vastas aglomerações urbanas. É cada vez mais raro para os norte-americanos ter vizinhos colegas de trabalho; é difícil encontrar membros de uma mesma reunião de pais e professores que se esbarram no mesmo escritório quando vão tomar água. Dessa forma, cada vez mais, cada norte-americano vive em um mundo único; raramente alguém conhece os colegas de trabalho de seu cônjuge; pessoas com a mesma religião desempenham um papel secundário nas atividades recreativas de seus filhos, sem que haja coincidência, digamos, entre a liga e a Escola de Domingo.[10] Nesse contexto, os tipos de aliança política com base em classes que contribuíram para a construção do fordismo se enfraqueceram, e a política que os substituiu tende a acentuar o que os norte-americanos milenaristas consideram cada vez mais como a verdadeira característica comum: o individualismo. A raça, o gênero e a identidade regional do Sul conseguiram resistir contra a força da dissolução do milênio de formas tradicionais de associação política, mas, até o momento, não foram capazes de interromper o contínuo deslocamento político dos valores e das instituições fordistas.

A cobertura florestal na região leste dos Estados Unidos nos permite compreender a relação entre a nação fordista e a do milênio. Quando o fogo queima uma área dessa floresta, árvores coníferas como os pinheiros são geralmente as primeiras a florescerem. Elas crescem mais rápido que os rivais decíduos e, assim, as florestas de pinheiros se erguem a olhos vistos na área queimada. Mas os pinheiros têm um problema: os jovens são incapazes de crescer na sombra das árvores maduras – mas as madeiras de lei conseguem. No fim das contas, a área queimada voltará a ser o que é conhecido como floresta de clímax: árvores de decíduos, como acerácias e carvalhos.

O *baby boom* cresceu na sombra da madura floresta fordista dos Estados Unidos dos anos 1950 – mas a sua sociedade não se reproduz. Pequenos fordistas não crescem na sombra de um sistema fordista maduro. A sombra dos *boomers*, nascidos na geração do *baby boom*, é bem menos receptiva ao crescimento do que os novos fordistas das gerações X, que sucedeu a *baby boom*, e Y, que sucedeu a X.

Ao mesmo tempo, uma revolta popular contra os altos funcionários fordistas vem se tornando mais poderosa. Uma geração de operários com salários estagnados ou em declínio, somada à desintegração da economia de manufatura, gerou um grande ressentimento contra "o sistema". Para frustração dos esquerdistas e sindicalistas do comércio, que haviam suposto – e em muitos casos ainda supõem – um enorme aumento dos protestos trabalhistas, uma parcela surpreendente da raiva jacksoniana tem sido expressa contra burocracias e programas sociais fordistas. Embora ainda aconteçam greves, campanhas sindicais bem-sucedidas e intensas manifestações contra os acordos de livre comércio, considerados remessas de empregos norte-americanos para o exterior, a baixa classe média branca tem se movido para a direita.

O inimigo dos Estados Unidos jacksonianos é definido amplamente como um "clero" arrogante das elites administrativas e culturais. Marx teria chamado esta parte do clero de pequena burguesia e estaria correto. O capitalismo do milênio depende muito menos dessa classe intermediária, e um dos principais temas da política externa norte-americana é a disputa de classes, que hoje é extrema em função dos ataques de capitalistas agressivos contra a pequena burguesia inchada da sociedade fordista, para eliminar do ambiente o poder regulador e intermediário. Trabalhadores ressentidos também lutam contra a pequena burguesia, que mantém seus ares de moral superior e postura intelectual. Esse ressentimento é um testemunho tanto do desgosto das elites administrativas (professores universitários, especialistas de todos os tipos, grupos de pensadores, advogados) estabelecidas e enriquecidas pelo fordismo, quanto do declínio da crença na eficácia das soluções econômicas fordistas.

Isso levou a uma situação, na qual a revolta jacksoniana contra as elites acontece em harmonia com as necessidades estruturais da economia. A não-intervenção é a marca distinta da nova economia norte-americana: reduzir custos e aumentar a produtividade por meio da eliminação de intermediários. A tecnologia de informação e a Internet, por exemplo, auxiliam o processo ao substituir o trabalho feito por corretores de fundos públicos, caixas de banco e agentes de viagem. À medida que os consumidores usam o poder da tecnologia de informação para aumentar suas escolhas, os lucros dos intermediários, como corretores de hipoteca, diminuem. Ao mesmo tempo, a inovação tecnológica ajuda corporações a aumentar sua produtividade e a diminuir o número de cargos de intermediários.

É provável estarmos testemunhando o início da ruptura das associações eruditas – médicos, advogados e professores universitários permanentes, responsáveis pelo monopólio da produção e da distribuição de conhecimento e de certos serviços elitizados da antiga economia. Os consumidores podem escrever seus testamentos com o auxílio de softwares baratos ou pela Internet; o modelo de taxa por serviço de assistência médica está sob ameaça em todas as frentes. Com o aumento das pressões econômicas sobre a educação superior, o sistema de cargos por títulos também passa a ser mais pressionado.

Os anjos na direita e na esquerda são excluídos de seus redemoinhos. Burocratas e especialistas de todos os tipos perdem imunidade e autoridade. O receio popular em relação às instituições e aos especialistas somado à pressão do mundo dos negócios por cortes de custo radicais resulta no desgaste das atividades e das principais estruturas de uma sociedade fordista.

O que tem prevalecido de forma sistemática na política norte-americana é uma coalizão clássica do tipo "ambos os lados contra o meio", de grandes empresas ávidas por flexibilidade e liberdade em face de limites fordistas e um levante popular capaz de perceber as classes médias administrativas como opressivas e não representativas. Essa é uma variação moderna da coalizão original de Andrew Jackson, na qual populistas enraivecidos se juntaram aos interesses empresariais ansiosos por escapar das restrições e das disciplinas impostas pelo Banco dos Estados Unidos e de um ambiente considerado a favor das pequenas elites. As classes instruídas levantaram quase unanimemente (embora Nathaniel Hawthorne discordasse) suas mãos horrorizadas e predisseram tudo, desde os déficits em massa, colapsos econômicos até um reinado de terror no estilo francês. Tudo isso, com exceção do último tópico, aconteceu. No entanto, a crescente economia norte-americana exigiu que os laços da antiga elite fossem rompidos, e eles foram.

Provavelmente, grande parte do pano de fundo da próxima geração será derivada do lamento eloqüente das classes instruídas nos Estados Unidos, uma vez que os administradores da classe média recuem diante da força do automatismo, as associações de eruditos são fragmentadas e rompidas, o permanente serviço público retrocede e os trabalhadores do serviço administrativo são contratados para fazer trabalhos temporários nos países em desenvolvimento. Aqueles que contemplaram tranqüilamente a perda de empregos nas indústrias em função da competição por baixos salários e do automatismo, ou colheram em silêncio os benefícios e que compuseram hinos às glórias do livre comércio, enquanto uma geração de operários norte-americanos sofria os maiores choques desde a Grande Depressão, podem agora encontrar uma solidariedade popular até então ausente em virtude da aceleração da proletarização das profissões.

É possível que a política partidária continue sendo formada pela luta entre as economias fordista e do milênio e ambos os lados, certamente, reivindicarão vitórias políticas significativas nos próximos anos. A necessidade econômica vai gerar uma pressão contínua para racionalizar o governo, reestruturar o sistema de fornecimento de saúde, reduzir custos de transação e o atrito econômico nas profissões legais, assim como cortar custos no emprego administrativo. Por outro lado, um número grande de pessoas terá seus meios de sobrevivência ameaçados por causa destas mudanças, por isso a resistência política com certeza será rigorosa e efetiva na maioria das vezes.

Além disso, o sistema partidário norte-americano dificilmente oferecerá aos eleitores uma escolha clara entre dois partidos – um puramente do milênio e outro puramente fordista. Os novos democratas, que chegaram ao poder no governo Clinton, estavam muito mais sintonizados com a transição do milênio do que muitos dos republicanos derrotados. George Bush tem sido mais protecionista que Clinton; suas ligações com a indústria do petróleo e seu apoio à intensificação de subsídios coletivos para tais indústrias de vanguarda, como para o *agrobusiness*, tornam o governo atual muito semelhante à economia política norte-americana da metade do século XX. O país tem a possibilidade de investir com mais intensidade no capitalismo do milênio, uma vez que a balança de poder interna de cada um dos dois partidos transita gradualmente nesta direção, seguindo a economia em transformação e o poder demográfico de grupos de interesse importantes. Em seu auge, em 1970, o setor industrial era responsável por 25% da força trabalhista. Em 2003, este percentual caiu para 12.[11] A nova economia continuará a se fortalecer, enquanto a velha permanecerá recuando. Sendo assim, cada vez mais, a política refletirá os interesses das regiões e dos setores prósperos do país.

DE QUALQUER FORMA, a ideologia reformista norte-americana e o modelo econômico do milênio têm se fortalecido na política dos EUA ao longo de mais de uma geração. Na política nacional, ambos são as forças dominantes desde a eleição de Ronald Reagan em 1980. Em relação a quase todas as questões nacionais, os democratas precisaram se aproximar mais das posições reformistas norte-americanas, prometendo uma versão mais gentil e benévola da ideologia e apoiando, de forma enganosa, instituições fordistas e padrões de contratação em detrimento da defesa franca e aberta do retorno ao antigo sistema fordista.

Na política externa, a história é diferente. Ronald Reagan inaugurou uma política externa reformista norte-americana contra a elite dominante, mas ela foi rapidamente abandonada quando o primeiro presidente Bush voltou às correntes predominantes, posições majoritárias na política externa. Nos anos Clinton, a política econômica internacional se distanciou do fordismo, uma vez que o "consenso de Washington" buscou substituir a antiga ortodoxia econômica do período fordista por idéias "neoliberais" ou pós-fordistas. Na política e na segurança, contudo, a administração Clinton era fiel aos princípios fordistas. Os sinais de convergência harmônica ainda eram ressaltados nos Bálcãs e no Conselho de Segurança.

O segundo presidente Bush fez uma tentativa muito mais determinada e sistemática de substituir a política externa norte-americana por um sistema com base nas idéias reformistas. Uma combinação de incredulidade, indignação, choque, raiva e desespero é sentida pela classe dominante da política externa à medida que muitas de suas instituições e idéias são rapidamente isoladas por bruscos jacksonianos e wilsonianos reformistas. Às vezes parece que o inferno, o paraíso e a pequena burguesia de todo o mundo estavam unidos contra a nova direção da política externa norte-americana. Segundo a visão da classe diplomática dominante nos Estados Unidos e no exterior, os neandertais escaparam de suas jaulas e a abominação do abandono tem sido estabelecida como o que há de mais sagrado.

Esta é uma visão muito rápida das coisas. Contudo, uma sociedade norte-americana, que a cada reforma se torna mais próxima do modelo do milênio, certamente enfrentará problemas cada vez mais complexos, já que a política externa foi direcionada a um mundo onde o capitalismo do milênio sempre foi bastante impopular. Até mesmo o aumento da força militar e da economia norte-americana, que acompanhou a ascensão do capitalismo do milênio, poderia causar dores de cabeça à política externa – e todos estes aspectos foram exacerbados pelos choques resultantes da reação norte-americana aos ataques do 11 de Setembro, que balançaram as estruturas do sistema internacional.

III

O RENASCIMENTO EM AÇÃO

7

A POLÍTICA EXTERNA DO GOVERNO BUSH

FACILMENTE, OS NORTE-AMERICANOS esquecem que apesar de toda revolta e confusão, o governo Bush agiu e continua agindo de forma variada segundo as tradicionais orientações da grande estratégia norte-americana: impede poderes hegemônicos hostis de se estabelecerem na Europa, na Ásia ou no Oriente Médio; protege a liberdade dos espaços marítimos e aéreos; e, sobretudo, garante a passagem livre e segura do petróleo para os mercados mundiais. Estes são os pilares da política de segurança da gestão Bush. Conservar o poder pegajoso norte-americano – manter o sistema econômico global em funcionamento e aberto – também permaneceu uma estrela guia da atual política norte-americana sob a liderança de George Bush, assim como tem sido durante décadas da história dos Estados Unidos. Embora muitos tenham acusado o governo Bush de negligenciar o conceito de poder não-coercitivo, há muito tempo alguém em Washington não discursava de modo tão poderoso e confiante sobre o poder transformador dos valores norte-americanos como fizeram os neoconservadores – os wilsonianos reformistas declararam sua intenção de levar a democracia pró-Estados Unidos ao Oriente Médio.

"Tradicional", entretanto, não é a palavra que a história usará para descrever a política externa de George W. Bush. Ao examinar as características mais marcantes de sua atuação, fica claro que a ideologia revolucionária do renascimento norte-americano tem influenciado significativamente a forma como o governo conduz os eventos.

OS HISTORIADORES TENDEM A concordar que nada ao longo da atuação do governo Bush é tão relevante quanto sua decisão de descrever a luta, que começou no 11 de Setembro, como uma – ou melhor, a – "guerra contra o terror". Ao mesmo tempo, desde que esta batalha começou, nada é tão importante quanto a escolha de tornar a invasão do Iraque o aspecto principal de sua estratégia internacional, depois que foi posto um ponto final nas bases e nos santuários da Al Qaeda no Afeganistão e que se impôs aos líderes da organização terrorista em conjunto com seus protetores e aliados talibãs a ida para as montanhas e cavernas desta isolada e remota área do mundo.

Ao contrário da decisão de revidar contra o Afeganistão, tanto a guerra como solução do problema quanto a opção de lutá-la em Bagdá foram escolhas bastante controversas nos Estados Unidos e no exterior.

"A guerra contra o terror" é uma expressão capciosa e, ao mesmo tempo, tosca e equivocada. De fato, os Estados Unidos não estão lutando uma guerra comum contra o terror comum; a preocupação é com o que Robert Art chama de "grande terror" – o terrorismo de ataques como ao World Trade Center e ao Pentágono, que causaram devastação e instabilidade econômica em uma escala próxima a de uma guerra. No momento, as únicas entidades globais capazes e com vontade de atacar os Estados Unidos desta forma são grupos radicais de terrorismo situados no mundo islâmico. É este tipo de terror realizado por estas pessoas que os EUA tentam combater.

A maioria dos aliados norte-americanos na Europa e um segmento considerável da classe interna responsável pela política externa teria preferido, certamente, uma concepção mais "variada" e "complexa" deste desafio em vez de simplesmente nomeá-lo uma guerra contra o terror. Como o ex-ministro de Relações Exteriores da França Hubert Védrine afirmou: "Somos ameaçados hoje por um novo simplismo, que consiste em reduzir tudo à guerra contra o terrorismo."[1] Para eles, a melhor opção seria enfrentar o terrorismo como uma questão política e policial e encarar o problema com a Al-Qaeda como algo mais perigoso – mas semelhante – do que, digamos, os terroristas bascos na Espanha ou o IRA na Irlanda do Norte.

Talvez o presidente Al Gore tivesse investido nesta conduta. No entanto, nesse caso, teria enfrentado a fúria intensa dos jacksonianos e dos republicanos no Congresso. Graças ao intenso poder dos jacksonianos na base republicana, foi impossível para George W. Bush adotar tal atitude, além de que não há indícios de uma vontade do próprio presidente por optar por esta alternativa.

A guerra contra o terrorismo não é a primeira guerra metafórica dos Estados Unidos, uma vez que a Guerra Fria também foi descrita como um conflito internacional, mas nunca se transformou num confronto armado entre os Estados Unidos e a União Soviética. A metáfora tem seus méritos. Os ataques da Al-Qaeda foram mais do que atos abomináveis de terrorismo — eles desafiaram os principais elementos da grande estratégia norte-americana de forma nunca realizada antes pelo terrorismo basco nem pelo IRA contra componentes básicos da segurança britânica ou espanhola. Além de colocar em perigo a segurança dos norte-americanos em seu próprio hemisfério e em sua própria nação, os ataques da Al-Qaeda impuseram uma ameaça direta aos mais próximos laços econômicos que os Estados Unidos buscam construir no mundo. A escolha simbólica do alvo, o World Trade Center, indicou uma mente complexa em funcionamento, que optou estrategicamente bem pela tática do terror em massa. Os ataques exacerbaram de forma significativa uma terrível recessão. Já o receio de terroristas contrabandearem armas de destruição em massa para Nova York ou para outras cidades importantes ameaçou o rápido fluxo de bens e pessoas sobre os quais o sistema comercial norte-americano é dependente. Além disso, o objetivo declarado dos líderes da Al-Qaeda de construir um califado fundamentalista islâmico na Arábia Saudita, capaz de unir muçulmanos em uma luta comum contra o Ocidente, na qual a riqueza do petróleo da região seria uma arma essencial, é uma ameaça direta à presença norte-americana na região, considerada por todos os presidentes desde Franklin D. Roosevelt como vital ao interesse nacional. No entanto, enquanto a maior parte das medidas tomadas contra a Al-Qaeda e seus aliados são mais parecidas com um trabalho policial (ou, no máximo, com a ação secreta das agências de inteligência e das Forças Especiais) do que com uma guerra convencional, o grau de violência que os terroristas estão prontos a usar e a natureza de suas exigências se aproximam mais das ações de um grande poder hostil do que com aquelas atividades típicas de um movimento de resistência étnico.

O governo também pretendia travar uma guerra contra o terror que certamente não seria concluída em pouco tempo e que substituiria a Guerra Fria como a principal idéia sistemática em torno da qual a política externa (e uma boa parte da nacional) seria estruturada no futuro próximo. Os orçamentos das áreas militar e de inteligência crescerão bastante, e essa camisa-de-força fiscal que Ronald Reagan inventou para conter o gasto democrata com programas sociais fordistas ficará visível numa escala talvez ainda maior que antes. Embora o destino traga muitas surpresas, é provável que a guerra una republicanos a favor de um presidente republicano e que conservadores irredutíveis não dêem importância para a omissão de alguns dos itens mais impopulares da sua agenda nacional, em função do apoio a um presidente que investe vigorosamente em guerras contra assassinos, que abominam o cristianismo. Os democratas, por outro lado, talvez tenham dificuldade de se reunirem para apoiar o tipo de candidato moderado pró-guerra, que poderia contestar com seriedade as eleições nacionais em tempos violentos. A Guerra Fria impôs o término da era democrata na política norte-americana, que começou com a eleição de Roosevelt em 1932; será que uma guerra contra o terror poderia beneficiar do mesmo modo os republicanos reformistas norte-americanos de hoje?

Quando os jacksonianos argumentam que os Estados Unidos foram atacados e, portanto, apóiam a necessidade de uma guerra de autodefesa, os presidentes passam a ter acesso a uma ampla autoridade e conseguem, facilmente, os recursos — ajuda externa e grandes orçamentos militares – para uma política externa vigorosa em várias frentes. Nos anos Clinton, por exemplo, por muitos acreditarem que os Estados Unidos não enfrentavam qualquer perigo externo relevante, houve um desgaste constante tanto da ajuda estrangeira quanto da disposição para acatar o presidente.

Para o governo Bush, declarar guerra contra o terrorismo não foi somente uma estratégia política popular e emergencial, mas uma decisão que possibilitou a administração prosseguir com seu projeto de reestruturação da política externa norte-americana e, ao mesmo tempo, contornar a limitação de recursos, que tecia o retorno à época de grandes déficits para Washington. Além disso, a guerra permitiria mudanças nas alianças prioritárias e de conduta no que diz respeito às Nações Unidas, que se concretizariam à medida que o governo evoluía em direção à segunda fase da guerra, neste momento contra o Iraque.

Portanto, os argumentos acima sugerem que a decisão do governo Bush não foi uma escolha cínica — mais ainda, eu sugeriria que os críticos foram cínicos ao querer definir a ameaça como um problema policial. A política, a análise estratégica e a convicção pessoal garantiram ao governo Bush que os ataques de 11 de Setembro foram apenas o início de uma longa e imprevisível guerra. Como Bush disse à nação em seu discurso, no Congresso, em 20 de setembro de 2001: "Não me esquecerei desta ferida causada ao nosso país ou daqueles que a infligiram. Não vou me render; não vou descansar; não vou ceder em travar esta batalha pela liberdade e pela segurança do povo norte-americano."[2] Não há dúvida de que, desde a destruição do World Trade Center, o presidente Bush identifica ele próprio e a sua nação em uma luta pela sobrevivência contra um inimigo completamente inescrupuloso e fanático que vislumbra a destruição dos Estados Unidos, de seus aliados e de tudo que os norte-americanos defendem.

■

UMA VEZ DECLARADA A GUERRA, o governo tentou ressaltar as diferenças entre as suas ações e as da gestão anterior. Em seu discurso sobre o Estado da União de 2002, o presidente Bush apresentou a idéia de um "eixo do mal" de Estados-párias, que desenvolviam armas de destruição em massa e mantinham ligações com grupos terroristas. Tensões antigas entre os Estados Unidos e o Iraque, o Irã e a Coréia do Norte seriam então inseridas no turbilhão da guerra contra o terror.

Mais uma vez, muitos críticos nos Estados Unidos e no exterior denunciaram o discurso de Bush como uma metáfora enganosa e exagerada que, segundo eles, tornava a real porém limitada tarefa de capturar terroristas mais difícil e complexa do que precisava ser. A reação do governo Bush foi consagrar o eixo de Estados do mal como alvos potenciais de uma "guerra preventiva" no documento *Estratégia de Segurança Nacional dos Estados Unidos* (NSSD, na sigla em inglês), lançado em setembro de 2002. Nesse sentido, governos liderados por ditadores, que apresentam ligações com terroristas e têm o objetivo de desenvolver armas de destruição em massa podem ser alvos de ataques preventivos norte-americanos. Como o presidente declarou aos cadetes da academia de West Point, em 1º de julho de 2002, "se esperarmos que as ameaças se materializem totalmente, teremos esperado demais".[3]

O conceito era menos novo do que a linguagem era dramática. Ameaças de guerra preventiva não eram táticas inovadoras na diplomacia norte-americana; o presidente Kennedy usou a intimidação de um ataque assim para forçar Nikita Khrushchev a retirar as armas nucleares de Cuba. Além do mais, os Estados Unidos não foram os únicos a usar tal estratégia; o ataque da Grã-Bretanha contra a frota francesa, no verão de 1940, teve a intenção de prevenir qualquer tentativa da Alemanha de se apossar deste trunfo. Depois de um ano da publicação do NSSD, a União Européia se preparava para declarar as circunstâncias sobre as quais também travaria uma guerra preventiva contra países que estivessem tentando desenvolver armas de destruição em massa.

O que chamou a atenção quanto a isso e a outros momentos da diplomacia Bush era o fato do governo não ter feito qualquer esforço sério para diminuir a ansiedade despertada pela sua retórica. Pelo contrário, o governo norte-americano atuou de forma sistemática para aumentar as tensões internacionais em torno de sua nova política. Enquanto os críticos consideravam tal postura parte de um padrão para fomentar a crise, o governo dos Estados Unidos não tinha dúvida de que era mais importante assustar e dissuadir inimigos potenciais do que tranqüilizar os amigos. Ou seja, se os mocinhos precisavam ser intimidados para garantir que os bandidos soubessem que os EUA estavam falando sério, então que fosse assim. Essa conduta não só refletia o elemento jacksoniano do governo como também era uma mensagem para os jacksonianos em todo os Estados Unidos de que a gestão Bush considerava a defesa da pátria norte-americana seu interesse e obrigação principais e que nada, nem mesmo a relação com os aliados, comprometeria esta missão.

■

O PRÓXIMO E INEVITÁVEL PASSO do governo Bush foi invadir o Iraque e substituir o regime de Saddam Hussein. Esta ação foi apresentada como uma medida oportuna e essencial para impedir o Iraque de aumentar seu suposto arsenal de armas e, potencialmente, permitir que grupos como a Al-Qaeda as usassem contra os Estados Unidos. Mais uma vez, não havia razão para questionar se o presidente Bush e o primeiro-ministro britânico Tony Blair de fato acreditavam que estoques de armas substanciais seriam encontrados após a ocupação do Iraque. Saddam resistiu por mais de uma década às inspeções e às sanções permanentes; se o programa de armas já tivesse sido desmantelado e o material dispersado ou destruído, Saddam poderia ter evitado a invasão ao cooperar com os inspetores da ONU. Sua recusa em contribuir criou uma presunção natural e, sob as circunstâncias, litigável de que, de fato, o Iraque desenvolvia tais armas. Embora existissem, como sempre, contradições e lacunas nas informações secretas e as considerações políticas levassem algumas personalidades da política a exigir resultados que, segundo Dean Acheson,[4] fossem "mais claros que a verdade", a preponderância de provas disponíveis dos serviços de Inteligência norte-americano e britânico apontava para a continuação do programa de armas de destruição em massa no Iraque. Vale notar que as fontes de Inteligência francesas e alemães também indicavam a existência de programas de armas de destruição em massa em andamento sob o regime de Saddam Hussein.

Defender uma guerra em função, principalmente, do perigo gerado pelas armas de destruição em massa iraquianas tornou os governos norte-americano e britânico reféns do destino, do qual ambos se arrependeriam durante o verão e o outono[5] de 2003 (em especial, o primeiro-ministro Blair). No entanto, o argumento a favor da invasão do Iraque era bem mais forte que o medo das armas de destruição e, é óbvio, estas considerações impulsionavam mais a política norte-americana no que diz respeito ao Iraque do que, ou até mais, as preocupações com as armas.

No governo Bush, parecia haver três tipos distintos de argumentos, relacionados a cada uma das três principais tendências ideológicas. De um ponto de vista jacksoniano, a questão apesar de bem definida nem sempre foi discutida nestes termos. A percepção de um perigo claro e presente com base na possibilidade de Saddam Hussein compartilhar suas armas de destruição em massa com a Al-Qaeda ou com outros grupos terroristas era o argumento declarado e racional. Outro argumento poderoso, embora expresso com menos freqüência, sustentava que os Estados Unidos precisavam dar uma declaração eficaz a seus inimigos no Oriente Médio. É provável que Osama bin Laden tenha acreditado que os Estados Unidos, atacados e feridos, se retirariam do

Oriente Médio. Sendo assim, ele e seus seguidores precisavam saber que, neste caso, os norte-americanos não apenas não recuariam, mas avançariam na região. Árabes radicais, sejam baathistas seculares[6] ou islamitas radicais, deveriam entender que os ataques contra os Estados Unidos lhes trariam uma derrota opressiva e uma intensa humilhação. Esta era uma guerra e o inimigo precisava aprender primeiro quem era o mais forte e, depois, o mais brutal. Desse ponto de vista, a invasão do Iraque foi uma advertência: futuros ataques aos Estados Unidos seriam respondidos de modo cada vez mais avassalador.

A conduta wilsoniana reformista neoconservadora da guerra também concordava em parte com esta percepção do realismo político militar, mas acrescentava argumentos com menos apelo jacksoniano. Os neoconservadores consideravam a ocupação do Iraque o primeiro estágio na reconstrução de toda a região. Segundo esta análise, a guerra tornaria o mundo seguro para a democracia. Assim como a Alemanha e o Japão (e a Itália, a propósito) fizeram a transição para a democracia ocidental sob a tutela norte-americana após 1945, o Iraque seria o primeiro Estado democrático do mundo árabe. Assim, à medida que outros Estados testemunhassem o progresso do Iraque, o nacionalismo islamista e pan-árabe perderiam sua fascinação – o progresso econômico e a liberdade democrática são contagiosos. A presença militar na região e as conseqüências políticas da fácil vitória sobre as forças iraquianas teriam um efeito preocupante sobre os regimes na Síria, no Irã e no Golfo.

A conduta neoconservadora da guerra também apresentava uma dimensão humanitária. O regime de Saddam Hussein era um dos mais terríveis do mundo, bem pior que o regime Baath anterior e inferior aos modestos padrões das mais modernas ditaduras no que diz respeito a assassinatos, selvageria e abusos à cidadania. Acabar com esse regime significaria uma boa ação; substituí-lo por um bom governo seria ainda melhor. Segundo este ponto de vista, a reconstrução do país, depois da guerra, seria no mínimo tão importante quanto a campanha militar para derrubar o antigo governo. A ocupação do Iraque seria a primeira medida de um compromisso mais profundo com relação ao Oriente Médio.

Uma concepção final com base nas noções norte-americanas de política de poder e realismo moderado estava mais preocupada em dar um fim a uma estratégia de contenção[7] cada vez mais custosa do que com o futuro do Iraque propriamente dito. Muitos críticos da ação contra o Iraque argumentaram que a guerra era desnecessária; a contenção funcionava e Saddam Hussein estava sob controle. Por outro lado, defensores de uma guerra estratégica contra o Iraque declararam que a contenção, aos poucos, envenenava e desestabilizava ainda mais a região.

O problema principal estava na Arábia Saudita. Como Saddam Hussein não conseguiu cumprir os termos do acordo de cessar-fogo de 1991, as forças norte-americanas se mantiveram posicionadas de modo permanente na Arábia Saudita. Essa decisão contrariou Osama bin Laden, que rompeu com o governo saudita e começou a organizar ataques que culminaram no 11 de Setembro. Além do mais, a presença permanente de tropas estrangeiras deslegitimou, aos olhos da opinião religiosa (e fanática), o regime saudita, que tendeu a se colocar quase sempre na defensiva, cumprindo as exigências dos islâmicos radicais. Eles fingiram não ver os defensores de Bin Laden no reinado, intensificaram o apoio a favor do clérigo mais radical da classe dominante interna e mantiveram seu apoio ostensivo à difusão mundial das formas mais intolerantes e estreitas de discurso islâmico. Entretanto, todas essas concessões não conseguiram impedir a podridão no reino saudita. Uma visível crise de legitimidade se fortalecia e uma corrente de jovens sauditas talentosos era atraída para a ala bin ladista do Islã radical. Ao mesmo tempo, o governo saudita não estava mais em posição de assumir a liderança no processo de paz árabe-israelense.

Nessas circunstâncias, a pressão norte-americana sobre a Arábia Saudita tendia a ser contraproducente – se o regime se curvasse à pressão norte-americana, perderia mais legitimidade e os radicais, que esperavam substituí-lo, se fortaleceriam.

A contenção apresentava ainda outros problemas. As sanções impostas ao Iraque, após o país não cumprir o acordo de cessar-fogo, e as outras exigências e resoluções da ONU se desgastavam em virtude da evasão no local e da falta de vontade política de fazer com que as Nações Unidas funcionassem. Ao mesmo tempo, os civis sujeitos às sanções sofriam muito, os quais, facilmente, eram atraídos por uma onda de propaganda de "ódio contra os Estados Unidos", que se alastrava por toda a região, denunciando o assassinato de crianças iraquianas por norte-americanos como um instrumento deliberado de política. A retirada do petróleo iraquiano dos mercados mundiais também apoiou os "falcões"[8] do preço na Organização dos Países Exportadores de Petróleo (OPEP) e aumentou a dependência mundial de um regime saudita cada vez mais instável. Nesse meio tempo, a contenção levou Saddam ao controle do clima político no Oriente Médio; ao atacar aviões britânicos e norte-americanos[9] ou ameaçar escapar de seu cerco, o presidente iraquiano poderia submeter a região e os Estados Unidos a uma crise de acordo, simplesmente, com sua vontade.

A contenção era um desastre político e humanitário; a retirada ou abandono das sanções após o 11 de Setembro era impensável. Portanto, se não é possível continuar de onde se está, nem retroceder, a única alternativa é ir adiante – neste caso, em direção a uma mudança de regime.

Do ponto de vista estratégico, substituir o regime de minoria sunita de Saddam Hussein, comprometido ideologicamente com o pan-arabismo sunita, por um novo governo apoiado pela maioria xiita e disposto a proteger os curdos seria uma estratégia bem-sucedida mesmo se o novo governo não colocasse em prática as esperanças democráticas dos wilsonianos. O Iraque moderno sempre foi administrado por uma minoria sunita, sendo que o pan-arabismo (inevitavelmente, anti-sionista, antiocidental e antinorte-americano) é uma parte integral da identidade do Estado minoritário. Ou seja, retirar o poder político do Iraque das mãos dos árabes sunitas radicais impulsionaria uma mudança permanente e provavelmente benéfica à geografia política do Oriente Médio, garantindo uma melhor representação política à diversidade cultural, política e religiosa – características intrínsecas à história e à identidade da região.

Essas foram as três abordagens sobre o porquê da guerra contra o Iraque. É provável que o rumo tomado pelo governo norte-americano tenha sofrido a influência da mistura das três linhas de argumentação (e dos eleitorados políticos por trás delas). Era um discurso bem embasado, mas a defesa pública do governo a favor da guerra foi surpreendentemente fraca. Integrar e harmonizar essas abordagens complementares – algumas vezes opostas – sobre a questão iraquiana poderia ter desencadeado um apoio internacional maior e uma defesa interna mais durável da política escolhida, mas esta é uma das tarefas que até hoje o governo Bush foi incapaz de realizar.

CIAO EUROPA

Após a guerra propriamente dita, o aspecto mais surpreendente da política externa do governo Bush foi sua disposição de discordar da França e da Alemanha com relação às estratégias básicas. Isso vai além da discussão sobre o Iraque. Essa é uma mudança histórica. Pela primeira vez na história norte-americana, os Estados Unidos se voltaram para uma política externa não centrada na Europa. Na gestão Bush, o enfoque estratégico dos Estados Unidos passou para o Oriente Médio e a Europa caiu para terceiro lugar (atrás da Ásia Oriental) na hierarquia das preocupações norte-americanas.

Tradicionalmente, a grande estratégia norte-americana tem visto a Europa tanto como a maior oportunidade dos Estados Unidos quanto seu maior problema. A posição dominante da Europa na economia internacional, sua importância para os Estados

Unidos como fonte predominante de imigrantes (com todas as lealdades resultantes) e seu significado estratégico por ter sido o centro da política mundial da Primeira Guerra Mundial até a Guerra Fria forçaram os Estados Unidos a manter a atenção fixa no continente. Atualmente, quando os laços da imigração e as relações pessoais afetivas se enfraquecem, e a Europa não é mais uma fonte de novos imigrantes, o velho continente mantém a oferta de menos oportunidades aos norte-americanos como também representa uma ameaça menor do que outras partes do mundo. Ao mesmo tempo em que a Europa é rica, seu mercado é maduro e cresce devagar. Sendo assim, algumas das principais barreiras comerciais, que impedem o livre comércio entre os dois atores, permanecem intactas e dificilmente os Estados Unidos conseguirão vantagens significativas ao negociar com os militantes do comércio da UE. Para os norte-americanos, é praticamente nula a chance de a política européia liderar mais uma vez as questões globais. E, enquanto a Europa puder oferecer ajuda política e militar para as ações norte-americanas fora da área da Otan, tal ajuda tende a ser limitada em função das diferenças existentes entre interesses e prioridades de ambos os lados, da pluralidade de opiniões entre os próprios europeus e do fracasso da Europa ao tentar construir um poder militar relevante.

Os ambientes políticos europeus dificultam a mobilização dos recursos do continente. Num contexto, em que a França dedica-se a limitar o poder norte-americano e que a Alemanha exerce o seu poder de acordo com padrões arrogantes, a Europa muitas vezes não consegue fornecer nem mesmo a ajuda que tem à disposição.

Mais que isso, para a aliança franco-alemã, é muito difícil traçar qualquer interesse ativo de política externa, além de conter os Estados Unidos e consolidar uma hegemonia franco-alemã na Europa. A Alemanha quer acabar com os antigos jogos da política de poder e com as rivalidade nacionais; o país foi severamente prejudicado e, portanto, não se arriscaria neste caminho fatal de novo. A elite francesa, contudo, como o velho malandro, quer voltar à antiga dinâmica. É viciada na excitação provocada pelo jogo e perdeu de vista algo que tanto alemães como norte-americanos estão conscientes: a antiquada política de poder numa era de armas de destruição em massa é o caminho certo para a ruína. Com uma ausência marcante e uma ameaça imediata a sua própria segurança, a oposição à política externa norte-americana é a única questão global sobre a qual esta estranha dupla concorda e, como o governo Bush deixou claro durante a guerra, qualquer tentativa de impor o consenso franco-alemão sobre o resto da Europa levará a uma reação imediata dos Estados Unidos. A Doutrina Monroe, no fim das contas, foi ampliada para a Europa e, nesse sentido, os franceses e alemães não poderão reduzir a Polônia e outros países divergentes ao status de colônias políticas impotentes cujo papel, como Jacques Chirac expressou de modo tão pertinente, é "permanecer em silêncio".

Em retrospecto, apesar de os Bálcãs terem sido o foco de atenção do governo Clinton, eles pareciam longínquos. Já na gestão Bush e, provavelmente, na de seus sucessores, independentemente do partido político, as questões do Curdistão importam mais para os Estados Unidos do que o Kosovo e a Mesopotâmia significa mais para os norte-americanos do que a Macedônia. E após o Oriente Médio não vem a Europa, mas a Ásia Oriental.

Muitos europeus e críticos de Bush nos Estados Unidos culpam o governo pela deterioração das relações que se desenrolaram. Até certo ponto, isso é óbvio e inevitavelmente verdadeiro. Antes do 11 de Setembro, o governo Bush parecia festejar de forma perversa o fato de ignorar a sensibilidade européia. Não só rejeitava os acordos internacionais – Protocolo de Kyoto, o Tratado de Proibição dos Testes Nucleares, o Tratado de Minas Terrestres, o Tratado de Limitação de Armas Estratégicas entre os Estados Unidos e a União Soviética, o Protocolo sobre Armas Biológicas e o Tribunal Penal Internacional – inválidos, caso os Estados Unidos estivessem envolvidos, como demonstrava a intenção de mudar o interesse diplomático norte-americano para as relações com os "grandes poderes" como a China, a Rússia, a Índia e o Japão.

Subjacente a esses problemas, havia uma diferença radical no modo como a gestão Bush e os europeus encaravam a posição da Europa no mundo. Uma década depois de a União Européia ter estabelecido uma moeda comum, ter fortalecido suas principais instituições e ter negociado uma expansão histórica de 15 para 25 membros, os europeus se sentiram parte de um poder em ascensão. A Europa talvez não fosse um poder militar como os Estados Unidos, mas se considerava uma superpotência econômica, capaz de sustentar sua própria Organização do Comércio Mundial contra os Estados Unidos. Além do mais, tinha interesses abrangentes no mundo em desenvolvimento, onde seus investimentos, contatos políticos e preocupações de segurança conferiam a ela esse direito. Neste momento, os europeus tinham certeza do seu real poder de influência na evolução da política global.

A nova sensação de segurança, após o fim da ameaça soviética, também contribuía para essa percepção de autoconfiança e disposição de enfrentar os Estados Unidos. A Europa não dependia mais do poder militar norte-americano; os líderes europeus queriam, portanto, manter suas rixas com os Estados Unidos de modo bem mais agressivo do que no passado. Quando a Otan deixou de ser vital a sua segurança, os europeus decidiram investir em uma postura mais linha-dura frente aos Estados Unidos com relação ao Protocolo de Kyoto.

Essa sensação européia de acúmulo de poder fomentou o impulso contra a convicção do governo Bush de que a Europa, hoje, importa menos que nunca para os Estados Unidos. Do ponto de vista dos norte-americanos, as exigências européias de exercer o veto contra a política externa dos Estados Unidos (por meio, por exemplo, da capacidade francesa de vetar resoluções que autorizam o uso da força pelas Nações Unidas) eram absurdas. Segundo os europeus, em especial os alemães, totalmente comprometidos com o estabelecimento de um Estado de direito superior à vontade de qualquer país nas relações internacionais, a decisão de Bush de proceder com o ataque contra o Iraque sem uma segunda resolução do Conselho de Segurança, que autorizasse o uso da força, foi uma declaração clara e inoportuna de que os Estados Unidos não compartilham da mesma opinião sobre o Estado de direito. Muitos europeus céticos entendiam a questão de formas diferentes. Para eles, o poder norte-americano cresceu tanto a ponto de se tornar uma ameaça à independência e à dignidade dos poderes europeus – talvez da França, em particular.

Os franceses aceitaram a idéia de que a Al-Qaeda é uma ameaça a todas as potências ocidentais e se uniram aos Estados Unidos contra a organização terrorista, mas têm uma posição bem diferente a respeito de regimes como os do Iraque e do Irã, por exemplo. Na perspectiva francesa, o desenvolvimento de armas nucleares por países como o Iraque ou o Irã, embora inoportuno, não representa um risco tão fatal quanto para os Estados Unidos. Para os norte-americanos, a proliferação nuclear no Golfo ameaça a capacidade de intervir na região, o que é vital para o alcance de seus objetivos globais. Os europeus podem ser de certa forma mais filosóficos. O Oriente Médio está, de qualquer modo, fora do controle europeu. Ao mesmo tempo, a Europa é confiante de que iraquianos e iranianos, com armas nucleares ou não, gostariam de continuar vendendo petróleo para o velho continente. Eles também não estão, talvez, tão preocupados quanto os Estados Unidos com a possibilidade de um novo boicote na venda de petróleo contra países que apoiarem Israel nos confrontos futuros na região. Seria, afinal, relativamente fácil para os Estados europeus tender para o lado dos árabes, a fim de evitar um boicote em tal eventualidade.

De qualquer forma, uns podem até não se importar, mas a maioria dos observadores de política externa nos Estados Unidos e em outros países argumenta, há muitos anos, que a proliferação era só uma questão de tempo. Por que atrair a inimizade árabe para combater o inevitável?

É provável que, do ponto de vista europeu, o ideal seria que os Estados Unidos fossem bem-sucedidos no Iraque, mas de uma forma difícil, dolorosa e custosa. A Europa poderia ficar de lado e, de olho na opinião pública árabe, lamentar a ação. No fim, os Estados

Unidos estariam exaustos, castigados e muito mais indispostos a agir, futuramente, sem o apoio europeu.

Essas considerações provavelmente incentivaram o distanciamento europeu – ou, no mínimo, do bloco franco-alemão no cerne da União Européia – da política norte-americana com relação ao Iraque e, claramente, o governo Bush foi incapaz de promover uma mudança nessa atitude.

As conseqüências para as relações norte-americano-européias futuras são extensas. Se os Estados Unidos e a Europa não têm uma política conjunta (com quaisquer diferenças de ênfase que existam) no Oriente Médio, não há muito o que fazer um pelo outro na política internacional. O papel da Europa na Ásia é pequeno; se os Estados Unidos tiverem problemas com a China com relação a Taiwan ou com a Coréia do Norte, por causa de seu programa nuclear, a atitude da Europa na crise seria essencialmente irrelevante. Como a Rússia não tende a impor, no futuro próximo, um sério risco ao resto da Europa, não há uma agenda defensiva na própria Europa que vincule os antigos aliados. Se assim for, e os países europeus, ou pelo menos alguns deles, continuarem tentando frustrar a política norte-americana, é provável que os Estados Unidos, em vez de promover e de integrar a União Européia, se dedique a garantir a contínua independência de seus Estados-membros. Criando problemas na Europa, formando coalizões para frustrar os planos franco-alemães e se beneficiando de seus desacordos e brechas, os Estados Unidos poderiam usufruir de trunfos consideráveis.

8

OS ACERTOS DE BUSH

É PROVÁVEL QUE OS HISTORIADORES levem um certo tempo para chegar a um consenso sobre a política externa do governo Bush. No entanto, hoje, já é possível identificar os pontos fortes e fracos de sua ação.

Em relação aos rumos de sua estratégia básica, a gestão Bush me parece ter feito as escolhas certas e inevitáveis. A era da economia fordista e da política externa com base na convergência harmônica com a Europa está – talvez infelizmente – terminada. E acabou pela mesma razão que começou – as necessidades internas e a lógica do sistema econômico capitalista, as quais formam a base do poder e da sobrevivência da sociedade norte-americana. As idéias e os valores do renascimento norte-americano estão arraigados na sociedade dos Estados Unidos e se fortalecem de década em década, de eleição em eleição. Isso não significa que, no futuro, os republicanos terão um monopólio eleitoral, mas que a tarefa da sociedade norte-americana é a desconstrução contínua do New Deal e sua substituição por um novo conjunto de instituições e políticas capazes de realizar muitos dos mesmos objetivos, mas utilizando meios que reflitam as possibilidades e as condições do capital do milênio em detrimento da economia política de uma época anterior.

A política externa atual também deve ser muito mais jacksoniana. Internacionalistas liberais, intelectuais e membros "sofisticados" e "maduros" da sociedade pequeno burguesa dos Estados Unidos consideram as tendências jacksonianas do povo norte-americano vestígios lamentáveis de um passado bárbaro, que deveria ser omitido – ou seja, eles buscavam uma política externa que se sobrepussesse a estes instintos. No entanto, uma das razões para esse desejo não se materializar é o fato da população norte-americana se sentir diretamente ameaçada e insistir para que o país siga uma política externa adequada a suas crenças intuitivas sobre como o mundo funciona. Outro motivo é o custo da nova política externa, que exigirá perícia e esforço; seja no orçamento militar ou na ajuda internacional, o Congresso precisará gastar muito mais dinheiro na política externa do que muitos esperavam após o término da Guerra Fria. Os Estados Unidos também tendem a ver as suas tropas posicionadas no exterior e em locais perigosos. Sob essas circunstâncias, a política externa não pode ser conduzida além da compreensão do povo norte-americano ou contra os seus instintos básicos. Andrew Jackson não será o único na mesa da política externa e talvez não sente sempre em sua cabeceira, porém não poderá ser ignorado.

Caso haja mais ataques aos interesses norte-americanos ou ao seu território, a preocupação e a pressão dos jacksonianos crescerão dramaticamente – qualquer presidente dos Estados Unidos precisa estar preparado para esta eventualidade. Além disso, é difícil subestimar o poder e a paixão da reação pública a atentados bem-sucedidos contra cidades norte-americanas com o uso de armas de destruição em massa. É provável, como alguns acreditam, que uma reação moderada e cadenciada a tais ataques seja o melhor caminho para os Estados Unidos, mas é praticamente impossível imaginar ser este o rumo que os norte-americanos realmente seguiriam caso isso aconteça.

Também é preciso entender que os norte-americanos vão reagir a provocações, como as do 11 de Setembro, por meio do uso da força maciça e esmagadora. Ou seja, aqueles que não suportam os norte-americanos devem, no mínimo, aprender a temer os Estados Unidos. A força permanente é um elemento importante das relações internacionais; os inimigos dos Estados Unidos precisam estar conscientes de que o país possui mais força que as outras potências e, sob as devidas circunstâncias, vão utilizá-la. Em épocas passadas, outros países julgaram os Estados Unidos de forma equivocada; o país parecia tão fraco e indolente em tempos de paz que, em ambas as guerras mundiais e na Guerra Fria, seus inimigos não deram a atenção devida a sua vontade e a sua capacidade de lutar e perseverar. Parece que Osama bin Laden cometeu o mesmo erro; graças à reação do governo Bush, outros, dificilmente, vão repeti-lo.

No entanto, isso não significa que os Estados Unidos devem ter uma política externa da direita severa ou que somente os republicanos podem governar o país. Os presidentes Truman e Kennedy, por exemplo, se mostraram à altura dos desafios da Guerra Fria. Algumas das intervenções dos Estados Unidos mais perspicazes e complexas na política internacional ocorreram em função da aprovação dos jacksonianos, que confiaram a seus líderes respostas complexas e variadas aos desafios políticos urgentes. Mas este tipo de apoio público só pode ser dado a líderes nos quais o povo confie o suficiente; foi preciso um Nixon para os EUA se aproximarem da China. Diante desses argumentos, a decisão estratégica do governo Bush de reagir ao 11 de Setembro como um ato de guerra em vez de como um crime era a única escolha possível e viável. Se, por um longo período, nenhum ataque sério for realizado, a preocupação pública tenderá a diminuir e outras condutas viáveis se tornarão possíveis. No entanto, até a população norte-americana reconquistar a confiança na própria segurança interna, a única opção realista continua sendo a de Bush.

Embora graves erros cometidos pelo governo dos Estados Unidos ao se preparar para a guerra contra o Iraque tenham impossibilitado muitos dos benefícios da vitória, a derrubada do regime de Saddam Hussein foi uma conquista importante.

No início de 2004, as ações de Bush no Oriente Médio mostravam resultados concretos. A captura de Saddam Hussein marcou, no mínimo, um ponto decisivo de mudança temporária no Iraque pós-conflito; depois de poucas semanas da captura do presidente iraquiano, os líderes sunitas exigiam a participação de seu povo nos processos de paz e de reconstrução, além de pedir aos insurgentes que renunciassem a luta. A decisão inesperada de Muamar Kadafi de desmantelar seu programa de armas de destruição em massa e aceitar as inspeções da ONU talvez tenha representado o grau máximo de um longo processo de transformação política na Líbia. Vale ressaltar que esta sucessão de mudanças nunca teria começado sem os ataques aéreos de Ronald Reagan contra a Líbia em 1986 e, certamente, só chegou tão rápido ao topo por causa da demonstração do poder e da determinação dos EUA no Iraque. As nações européias lideradas pela Alemanha, que pressionaram o Irã a participar do processo que levou os iranianos a aceitar os inspetores da ONU, nunca teriam levado o compromisso da negociação de forma tão séria se não temessem que a alternativa às exigências européias fosse uma invasão norte-americana. Ao longo de anos, os iranianos ignoraram as preocupações e as solicitações dos Estados Unidos no que diz respeito a esse assunto; de repente, na primavera[1] de 2003, começaram a agir. Nesse momento, pelo menos, a política de confrontação de Bush com a "velha Europa" foi bem-sucedida, ao contrário dos governos anteriores que, com um perfil mais conciliatório, fracassaram. A Síria, hoje, cercada por regimes pró-Estados Unidos em Israel, na Turquia e no Iraque, compreendeu que não poderia contar mais com sua relação com a França para protegê-la da ira norte-americana. À medida que a presença militar norte-americana diminuiu na Arábia Saudita, o regime local demonstrou disposição e capacidade de resistir contra seus extremistas nacionais com mais vigor do que nunca. Desprovidos de grande parte de seu apoio externo e pressionados pelas forças armadas israelenses, grupos palestinos, como o Hamas, não intensificaram sua campanha terrorista contra civis israelenses, assim como havia sido previsto. Pelo contrário, bombardeios suicidas se tornaram menos freqüentes e as facções palestinas abertamente terroristas passaram a estar politicamente na defensiva, em casa, pela primeira vez desde o colapso do processo de Oslo.

O Oriente Médio é uma região volátil e estes tão esperados e prometidos desenvolvimentos talvez nunca se concretizem. No entanto, fica claro que a invasão do Iraque proporcionou, no mínimo, algumas das oportunidades estratégicas que o governo Bush vislumbrava. Só o tempo poderá mostrar se Washington conseguirá explorá-las bem.

OUTRA QUESTÃO IMPORTANTE a qual o governo Bush reagiu corretamente diz respeito à relação emergente entre a Europa e os Estados Unidos. Apesar de alguns temas nem sempre bem resolvidos, o governo estava certo em acreditar que a política externa norte-americana não poderia mais ser eurocêntrica. Mesmo diante dos sucessos políticos consideráveis dos europeus com a construção da União Européia e da grande riqueza e proeza tecnológica européia, o continente não tende mais a ser o centro da política mundial no século XXI. A Europa não só está em declínio demográfico: sua população remanescente envelhece, o continente tem dificuldades de assimilar imigrantes e suas obrigações com as aposentadorias e com os programas de saúde são uma bomba relógio. Porém, o verdadeiro fator responsável pela queda da proeminência européia nas questões mundiais será o rápido desenvolvimento do mundo não-ocidental, principalmente do Sul e do Leste da Ásia. Cada vez mais, os Estados Unidos se afastam da Europa e caminham em direção a novos parceiros e, às vezes, a novos rivais no mundo em desenvolvimento.

Sempre haverá um lugar especial na política norte-americana para os aliados europeus, mas eles precisarão aprender a aceitar os Estados Unidos pelo que são. Enquanto enfrentarem a ameaça do grande terrorismo, os Estados Unidos não podem conter os instintos jacksonianos, por exemplo, a fim de poupar a sensibilidade européia. Os EUA não podem conceder à Europa um veto sobre a política externa norte-americana – e se este é o preço do apoio europeu, o país precisa, então, aprender a sobreviver, de vez em quando, sem o continente europeu.

Ironicamente, a forma ideal de se construir uma relação melhor com a Europa é se afastar dela. Os europeus têm superestimado o preço político que os Estados Unidos pagarão por sua ajuda. Uma vez que o mundo permanece um local perigoso e a Europa está relutante (e talvez incapaz) de providenciar sua própria defesa, sem o envolvimento norte-americano, é provável que, no futuro, a Europa reduza seu preço e exija menos dos Estados Unidos do que no passado.

Apesar da forma brusca e do pouco tempo, o governo provavelmente agiu certo ao dissipar as ilusões européias em relação à possibilidade dos Estados Unidos ratificar o Protocolo de Kyoto, se juntar ao Tribunal Penal Internacional estabelecida no momento, ou aceitar o programa europeu, que pretendia sujeitar de forma gradual a liberdade de ação dos Estados Unidos por meio de instituições, nas quais os Estados europeus possuam um ou mais vetos. Quando o presidente Clinton estava na Casa Branca, o Senado rejeitou o Protocolo de Kyoto (por 95 a 0) e o Tratado de Proibição dos Testes Nucleares. É impossível o Senado ratificar o tratado para consolidar o Tribunal Penal Internacional na sua estrutura atual.

No entanto, o governo Clinton nunca deixou claro para os europeus o quanto absurdas eram suas esperanças em função de três questões fundamentais: os Estados Unidos precisavam da cooperação européia nos Bálcãs; muitos funcionários da era Clinton, ideologicamente, concordavam com as posições européias em relação a certas questões, como Kyoto e o Tribunal Penal Internacional; e, por fim, o hábito norte-americano de consultar e considerar a Europa, hábito que se fortaleceu durante a Guerra Fria. Além disso, a maioria dos diplomatas norte-americanos e a ampla "classe de interlocutores" especializados em relações transatlânticas são, em geral, mais simpáticos à conduta européia do que às idéias conservadoras dos jacksonianos e dos wilsonianos reformistas que, desde 11 de Setembro, têm ganho destaque na política externa dos EUA.

O governo Bush tomou a estratégica decisão de que não havia mais sentido encorajar as ilusões européias sobre o direcionamento da política norte-americana – não importava para os Estados Unidos se a Europa aceitava ou não a sua política. Além do mais, agradar a Europa só parecia aumentar a já orgulhosa sensação de sua importância no mundo da política externa norte-americana. Essa transição foi necessária e normal e, no fim, oferece, inclusive, a perspectiva de uma relação mais realista e ainda bem próxima entre os aliados da Guerra Fria. Se o governo Clinton e a classe dominante da política externa norte-americana tivessem feito um bom trabalho ao comunicar à Europa que o seu relacionamento sofreria modificações logo nos primeiros anos, talvez essa transição não tivesse sido tão difícil – mas também não se pode negar que o governo Bush poderia e deveria ter se esforçado mais para amortecer esse choque entre alguns dos aliados mais próximos e importantes dos Estados Unidos neste mundo perigoso.

A negatividade da controvérsia foi lamentável e as apressadas observações dos assessores de Bush a exacerbaram, mas, no cômputo geral, foi bom lembrar os europeus e, em particular, os alemães que crises transatlânticas culminam em crises européias. Com a Alemanha, a França e a Rússia unidas numa aliança anti-Estados Unidos, a Polônia naturalmente ficou tensa e com razão – quando a Rússia e a Alemanha se aproximam, a Polônia diminui. Portanto, uma boa relação entre a Alemanha e os Estados Unidos continua sendo a melhor base para o contínuo progresso em direção à integração européia.

A mudança para longe das instituições e em direção às coalizões voluntárias é outro aspecto da política do governo Bush que tende a durar bastante tempo. Do modo como acontece hoje, a maior parte (embora de forma nenhuma todas) das instituições internacionais é bastante deficiente. A Assembléia Geral, cuja política de "um-Estado-um-voto" significa que, oficialmente, no sistema da ONU, a Índia (com população de 1,07 bilhão) é equivalente ao Principado de Liechtenstein (com população de 33 mil), cumpre um papel irrelevante há décadas.[2] Da mesma forma, o Conselho de Segurança também perdeu muito da sua credibilidade, já que três dos seus cinco membros permanentes, com poder de veto, são europeus, tornando-se então um asilo para antigas potências enquanto as principais de hoje, como a Índia (com 17% da população do mundo) e o Japão (responsável por 14,3% da produção mundial)[3] continuam excluídos. Para serem efetivas, as instituições devem refletir a realidade de poder; nem o Conselho de Segurança nem a Assembléia-Geral cumprem este pré-requisito no momento.

A Organização Mundial do Comércio (OMC) alcançou o que muitos cientistas políticos achavam ser impossível e definiu uma forma ainda mais absurda e impraticável de governança do que a da Assembléia-Geral da ONU. Além de preservar, cuidadosamente, o princípio de "um-Estado-um-voto" para que países responsáveis por uma proporção irrisória do comércio mundial tivessem peso igual às superpotências empresariais, cujas políticas realmente importam, a OMC implementou o princípio político que foi utilizado pela última vez durante a Assembléia Polonesa no século XVIII. Todo membro, por mais fraco e menor que seja, tem o direito de vetar qualquer acordo. A OMC é um cruzamento distorcido entre o Conselho de Segurança e a Assembléia-Geral da ONU. Sendo assim, vamos esperar que algumas indústrias privadas nunca descubram que os votos e vetos de alguns membros da organização talvez estejam à venda.

Mas, além dos problemas particulares de instituições específicas, há uma questão maior. As organizações internacionais, pelo menos como as conhecemos, são orientadas de forma a atingir um consenso por meio do processo de deliberação, geralmente lento e meticuloso. As tomadas de decisão tendem a ter por base compromissos e, independentemente de serem alianças de segurança como a Otan ou organizações políticas como as Nações Unidas, elas seguem o passo do Estado-membro mais vagaroso e relutante. Tais instituições provavelmente não providenciarão o tipo de reação rápida exigida pelas condições do século XXI. A situação ainda é mais complexa quando se trata de organizações universais, como a ONU ou a OMC, que aspiram incluir todos os Estados. As diversidades políticas e culturais entre os seres humanos são muito grandes, impossibilitando que tais instituições gerem concordância em mais do que em poucos tópicos, ainda mais com velocidade. De modo inevitável, muito do funcionamento do mundo precisará ocorrer – embora não necessariamente contra – independente de tais instituições.

O governo Clinton ignorou o sistema da ONU para lutar a guerra da Iugoslávia sobre o Kosovo; futuras gestões norte-americanas talvez evitem parte da retórica usada pelo governo Bush em relação às organizações internacionais, mas nenhum presidente dos Estados Unidos poderá aceitar a situação na qual a França simule um poder de vetar ações norte-americanas consideradas fundamentais à segurança nacional. Somado a isso, futuros presidentes certamente não confiarão a defesa dos interesses vitais norte-americanos a instituições que funcionam de acordo com o ritmo do Estado-membro mais vagaroso (e talvez o mais anti-Estados Unidos).

■

ALÉM DESTAS AMPLAS decisões estratégicas, observamos outros sucessos da gestão Bush, em especial, na Ásia. Apesar das vantagens ilusórias em relação à China e às duas Coréias, o governo Bush liderou, razoavelmente bem, algumas das mais difíceis e importantes relações internacionais dos EUA. Em particular, merece o crédito por ter trabalhado multilateralmente – algo que muitos de seus críticos pensavam que ele não fosse capaz de fazer – para garantir, na medida do possível, a presença de uma frente unida formada por países receosos, com o intuito de pressionar a Coréia do

Norte a definir as pendências sobre o seu programa nuclear. Nesse momento, ainda não é possível dizer se o esforço de Bush para impedir a Coréia do Norte de desenvolver capacidade nuclear sem uma guerra será bem-sucedido. Até hoje, no entanto, o governo conseguiu manter a pressão sobre os norte-coreanos e a coalizão, teoricamente fracionada, unida.

Também impressionante, embora geralmente desconhecido pela opinião pública, que foca nos fatos ocorridos no Oriente Médio e na Europa, é o meio pelo qual o governo Bush concretizou algo que a maioria das gestões anteriores considerava difícil: aprimorar as relações norte-americanas com a China sem isolar o Japão e vice-versa. Além disso, apesar de alguns temores de que Washington enviaria sinais ambíguos no que diz respeito à independência de Taiwan, os Estados Unidos têm gerenciado de forma eficiente a delicada questão diplomática. À medida que os laços econômicos ao longo do estreito de Taiwan se fortalecem, cresce o apoio de ambos os lados à resolução pacífica do problema entre China e Taiwan. Vale ressaltar também que, em relação à China, o governo Bush persistiu dentro de um consenso bipartidário amplo. Deu seguimento a uma das mais importantes realizações do governo Clinton – a entrada da China na Organização Mundial do Comércio – e continuou a pressionar em prol da estabilização e da normalização das relações entre os dois países, que deveriam ser considerados, cada vez mais, os dois mais poderosos do mundo.

Além disso, parece que a reputação do governo Bush de se postar de forma vigorosa e assertiva em prol dos interesses norte-americanos, associada à disposição de cooperar com a China no que diz respeito às questões de interesse mútuo, serviu de base para um relacionamento realista e estável entre os dois países.

O governo Bush também comandou razoavelmente bem a ardilosa tarefa de melhorar as relações norte-americanas com a Índia, sem causar uma crise ou perder a confiança do Paquistão. O fantasma de uma guerra nuclear entre estes dois países recuou; os Estados Unidos conquistaram, no mínimo, algum apoio do Paquistão na guerra contra o terror e ajudaram a pressionar o país a reduzir seu apoio aos terroristas na Caxemira. Esse foi um ato difícil e o Estados Unidos merecem um reconhecimento maior por sua destreza diplomática nessa questão do que, geralmente, recebem.

HÁ, PORTANTO, ALGUMAS grandes decisões e questões que o governo Bush acertou e que muitos de seus críticos erraram. Mas, isso não é tudo. Alguns equívocos do governo foram bem custosos. A conduta da gestão Bush de algumas questões tem sido muito turbulenta e incerta; a habilidade de formular e expressar sua direção estratégica, muito incipiente e não convincente; e ainda não se definiu um meio de articular uma agenda positiva para os Estados Unidos e o mundo que possa ter apoio além das fronteiras norte-americanas – ou mesmo além dos quadros conservadores que sustentam internamente o governo.

Parte disso já era esperado. O 11 de Setembro não foi só um desafio estratégico, que forçou a política externa norte-americana a confrontar uma série de novas e difíceis questões, mas a nova e até mesmo inexperiente característica do raciocínio estratégico encontrado entre os partidários de várias escolas do renascimento norte-americano resultou em uma mistura turbulenta e superficial.

Direções genuinamente novas e originais na política externa em geral começam mal. Theodore Roosevelt[4] e seus colegas deixaram um importante legado na política externa norte-americana, mas um número surpreendente de idéias essenciais se mostraram, na época, completamente erradas. Até mesmo Roosevelt chegou a pensar que a anexação das Filipinas, uma questão inconfundível do movimento imperialista, tinha sido um equívoco colossal. Em uma carta a William H. Taft[5], em 1907, Roosevelt disse que "as Filipinas são nosso calcanhar-de-aquiles. E tornam a situação atual com o Japão perigosa... Pessoalmente deveria ficar satisfeito de ver as ilhas independentes."[6] De forma semelhante, os Quatorze

Pontos de Woodrow Wilson e a Liga das Nações foram os primeiros sinais de internacionalismo progressivo moderno da política externa norte-americana; poucos se oporiam à conclusão de que, em muitos aspectos, tanto os Pontos quanto a Liga eram amadores e impraticáveis e que a liderança instável de Wilson levou a erros sérios e custosos.

No entanto, as idéias de Wilson e Roosevelt produziram bons resultados. Ou seja, a efervescência das primeiras ondas de uma nova versão da grande estratégia norte-americana não determinou o seu rumo e os erros não invalidaram o movimento geral. Vale sempre ressaltar que não existe uma política externa perfeita e capaz de resolver todos os problemas sem custos. A busca pela perfeição na política externa é ainda mais difícil do que na política nacional. Fazer política é cometer erros, portanto é lógico esperarmos que aqueles que tentam traçar um novo caminho devam dar mais passos errados do que aqueles que se contentam em permanecer nas antigas e bem conhecidas estradas.

9

ONDE OS ANJOS TEMEM CAMINHAR

APESAR DE O GOVERNO BUSH ter registrado acertos importantes, não é preciso um Metternich[1] para perceber que nem tudo vai bem no mundo da política externa norte-americana. Mesmo descontando as dificuldades inerentes aos desafios, a maioria dos observadores imparciais concorda que nem todas as ações da gestão apresentaram os resultados desejados.

Falhas táticas são recorrentes em todos os governos – erros simples, manobras incorretas e acidentes são em geral bem mais rotineiros nos governos (nos negócios e na vida particular) do que a maioria de nós gostaria. Mas estes são, às vezes, importantes e podem mudar o rumo da história. Não há muito a ser feito em relação a estes equívocos a não ser listá-los, tentar aprender com eles e seguir em frente. No entanto, erros de estratégia em uma política externa de alta tensão como a da gestão Bush podem ser ainda mais custosos que aqueles em situações comuns, quando o tempo é curto, as questões são controversas e os riscos são altos.

Entre os equívocos deste tipo, ao longo dos últimos três anos, é possível identificar várias falhas de serviço secreto e de avaliação. O mais notório e custoso, é claro, foi a avaliação do programa de armas de destruição em massa iraquiano, sob o regime de Saddam Hussein. Houve também alguns importantes problemas no sistema eleitoral. A falta de uma resolução do Parlamento turco, por uma margem de três votos, em 1º de março de 2003, que daria apoio às tropas dos Estados Unidos no Iraque foi, por exemplo, um desastre que poderia ter sido evitado. Certamente, era possível persuadir os eleitores indefinidos essenciais para apoiar esta medida – o apoio turco antes, durante e após a guerra teria feito uma grande diferença. (A desaprovação da presença turca no Iraque após a guerra, pelo Conselho de Governo Iraquiano nomeado pelos Estados Unidos, foi um erro mais grave e uma falha ainda menos desculpável.) Durante o inverno de 2002-3, também ficou claro que à medida que o debate a respeito da segunda resolução do Conselho de Segurança sobre o Iraque progredia, o controle do governo sobre as opiniões dos membros do Conselho diminuía. Ao adiar a busca de uma segunda resolução para além de janeiro e fevereiro, os norte-americanos provavelmente perderam a oportunidade de forçar um pleito sobre uma segunda resolução com um prazo estabelecido, que teria obrigado a França e seus parceiros a votar a favor ou ficar em silêncio. Uma vez perdida esta oportunidade, o investimento em uma nova resolução tendia a ser um erro, a não ser que o governo tivesse a certeza de que conseguiria o apoio, no mínimo, da maioria dos membros. Mesmo se um ou dois membros permanentes vetassem tal resolução, o governo poderia se defender acusando o unilateralismo francês – em vez do norte-americano – pela falta de consenso no Conselho de Segurança. Porém, buscar tal maioria de membros não-permanentes e não conseguir era, talvez, a pior de todas as alternativas. O governo norte-americano terminou desesperado, isolado, incompetente e evidenciado em seu relativo isolamento quando o ataque foi adiante.

No entanto, o erro mais caro do governo Bush, durante os primeiros três anos, foi político. Independentemente do que se pense da guerra no Iraque, o modo como o governo norte-americano preparou o público para o conflito e para o período seguinte a ele foi um desastre e será, provavelmente, analisado por muito tempo como um exemplo clássico de como não conduzir a política de guerra. O governo não só dependeu, de forma exagerada, da provável existência das armas de destruição em massa (e ligações de Saddam Hussein com a Al-Qaeda), quando defendeu a guerra, mas também fracassou ao não prevenir a opinião pública da possibilidade (certeza) de um difícil período pós-guerra. Não há dúvida de que é tentador para políticos sob pressão vender guerras por tão pouco – para minimizar as conseqüências e perigos. Também é verdade que muitos dos funcionários mais experientes do governo adotaram os cenários mais favoráveis para o Iraque no pós-guerra. Entretanto, nada disso justifica o fracasso de não tomar precauções elementares contra possíveis contratempos.

Conseqüentemente, o período seguinte à bem-sucedida guerra de Bush no Iraque transformou-se no mais grave desafio de sua Presidência. A honestidade e a credibilidade do presidente foram contestadas porque as armas de destruição em massa não foram encontradas; o período de caos, anarquia, resistência e baixas norte-americanas, após os confrontos, embasaram as principais dúvidas do povo sobre a sua liderança e capacidade de defender os Estados Unidos.

Ambas eram completamente evitáveis. O governo poderia ter preparado uma defesa mais sólida e diversificada da guerra e se prevenido contra a chance de encontrar relatórios de inteligência errados sem perder o apoio necessário do público. Também poderia ter alertado a população, de forma mais clara e dramática, sobre os possíveis perigos durante o percurso, principalmente no Iraque pós-guerra. O método utilizado por Winston Churchill é o melhor: prometer sangue, labuta, lágrimas e suor. Se tudo se sair melhor do que o esperado, bom. Mas, no caso de contratempos, as pessoas, pelo menos, não perdem a confiança na capacidade do governo de avaliar os perigos e as ameaças enfrentadas. (O fracasso do mau planejamento do Iraque no pós-guerra é um tipo diferente de problema a ser examinado mais tarde.)

Nesta frente de batalha, o governo, no mínimo, parecia ter aprendido alguma coisa. Nenhuma proclamação prematura da vitória acompanhou a captura de Saddam Hussein em novembro de 2003. Desde a derrubada do presidente iraquiano, funcionários do governo têm comentado sobre um longo caminho pela frente, com sacrifícios e sofrimento, que ainda estarão por vir. A Casa Branca permitiu ao primeiro-ministro Tony Blair anunciar a desistência de Muamar Kadafi[2] na busca por armas de destruição em massa – e o governo norte-americano se absteve visivelmente de aproveitar os minutos de fama no momento da declaração. Quase três anos depois do início de seu mandato, o governo Bush parecia ter aprendido o valor da *gravitas* (compostura); infelizmente, ainda não sabia se a gestão recuperaria a credibilidade perdida no país e no exterior.

As relações com os principais aliados e parceiros dos norte-americanos sofreram danos sérios durante a gestão Bush. Certamente, o governo interpretou mal a situação política na Europa e não conseguiu identificar uma maneira de impedir que desacordos políticos sobre o Iraque se transformassem em uma crise total da aliança ocidental. À medida que a crise se desenvolvia, a administração norte-americana permitiu que a França ficasse entre Washington e Moscou, dando a seus oponentes europeus mais peso geopolítico do que tinham.

O governo norte-americano interpretou mal a posição da França, ao subestimar sua disposição de confrontar os Estados Unidos no que diz respeito ao Iraque e a sua capacidade de causar problemas nesse tema.

O desdém que muitos norte-americanos sentem pela França é tão intenso que eles, muitas vezes, não percebem o talento nem a inteligência incomuns dos franceses nas relações internacionais. Em 2002, já fazia no mínimo sete anos que o presidente francês Jacques Chirac estava ansioso por uma posição mais poderosa no cenário mundial – em 1995, Chirac comunicou ao mundo que em função da fraqueza de Bill Clinton, a “posição de líder do mundo livre estava aberta" e ele se candidatava à vaga.[3] A queda da União Soviética libertou a França do medo desta superpotência, que a manteve insatisfeita dentro da aliança norte-americana durante a Guerra Fria. Imediatamente após a saída dos soviéticos, um novo pesadelo surgiu: a Alemanha integrada. A França conspirou em vão com a União Soviética para manter a Alemanha dividida. Como não conseguiu, ficou preocupada que os alemães pudessem se tornar um colosso capaz de acabar com seus sonhos de dominar a União Européia.

Em 2002, ficou claro para Paris que a unificação alemã era um fracasso e que a república de Berlim era indecisa, fraca e muito menos capaz que a França de se ajustar às realidades econômicas de um mundo pós-fordista. A diplomacia francesa era bem melhor que a de Berlim e, pela primeira vez em 60 anos, a França se sentiu livre para se envolver nas relações internacionais sem se preocupar com a sua segurança interna.

As estratégias francesas mudaram novamente, quando o chanceler[4] alemão Gerard Schroeder, para ganhar pontos com seu eleitorado em meio a uma disputada campanha de reeleição, anunciou que a Alemanha não apoiaria a ação militar dos Estados Unidos contra o Iraque. Os astros do sistema internacional apoiavam Jacques Chirac de um modo que nenhum líder francês jamais poderia lembrar. Na crise iraquiana, Chirac teve a oportunidade que Charles de Gaulle sempre buscou, mas nunca conseguiu: a chance de se opor aos Estados Unidos em uma grande questão internacional com forte apoio alemão. A França pôde da melhor forma promover seu objetivo de longo prazo – definir uma política externa européia ao mesmo tempo oposta aos objetivos norte-americanos e em defesa de um tema que atrairia muitos aliados entre as oligarquias responsáveis pelos contratos do mundo árabe. Além do mais, a posição francesa agradou simultaneamente a crescente minoria de árabes na França e as duvidosas e algumas vezes anti-semitas forças apoiadoras do movimento Le Pen, símbolo de uma permanente ameaça a políticos de centro-direita franceses, como Chirac. Somado a isso, uma posição forte e corajosa contra a ameaça ianque removeria a atenção pública dos planos de seu governo de introduzir penosas reformas nos fundos de pensão, como parte de uma estratégia de ajuste econômico de longo prazo para longe do sistema fordista.

O governo Bush (como a maioria da classe dominante norte-americana), no entanto, acreditou durante muito tempo que, como sempre, a França faria um drama e daria algumas piruetas no cenário mundial enquanto fosse possível, mas, no fim, apoiaria os Estados Unidos no que diz respeito ao Iraque (provavelmente em troca de controle sobre uma parcela do petróleo iraquiano e uma parte apropriada dos contratos com o novo governo). Infelizmente, com o contínuo endurecimento da posição de Schroeder e o firme apoio da Rússia à posição francesa (e tudo isso poderia ter sido evitado por meio de uma conduta mais hábil dos Estados Unidos), o encantamento de Chirac com sua inédita oportunidade diplomática chegou a um nível no qual o pretenso líder do mundo livre estava pronto para desempenhar o papel de Lucy na história em quadrinhos do Snoopy[5]. Ao comentar sobre a segunda resolução do Conselho de Segurança, Chirac afirmou: "Quaisquer que sejam as circunstâncias, a França votará não." Em qualquer momento que Charlie Brown tentasse marcar um gol, *La France* tiraria a bola.

Espera-se, no mínimo, que Chirac tenha aproveitado esse momento, uma vez que a decisão da França de bloquear a segunda resolução pode ter sido um de seus piores erros desde a Segunda Guerra Mundial. Para a maioria da opinião norte-americana, inclusive muitos com sérias críticas à política de Bush, este foi um momento decisivo. Com o tempo, é provável que os Estados Unidos aproveitem aos poucos e em silêncio quaisquer oportunidades que surjam – e elas aparecerão – para enfraquecer a frágil posição francesa entre as grandes potências e assim reduzir sua influência na Europa e em outros locais. Na medida do possível, os Estados Unidos definirão suas estratégias fundamentais em espaços onde os franceses não tiverem um assento. A vingança, segundo o ditado popular, é um prato que se come frio, e os Estados Unidos têm uma memória longa.

Esta é uma tragédia que nunca deveria ter acontecido. Apesar das diferenças, é melhor tanto para a França quanto para os Estados Unidos quando ambos trabalham juntos. Por ora, o estrago parece tão intenso que pouco pode ser feito para consertá-lo. Todos, como eu, que acreditam que uma boa relação franco-norte-americana ajuda a promover valores democráticos compartilhados pelos dois países, devem esperar por tempos melhores. Vamos aguardar ansiosamente.

Os danos à posição norte-americana na Alemanha foram ainda piores. A Alemanha já havia discordado da política norte-americana antes; por exemplo, quando criticou a Guerra do Vietnã. O desacordo sobre o Iraque poderia e deveria ter sido resolvido de modo a minimizar ao invés de maximizar o prejuízo colateral à relação norte-americana-alemã, mas não foi o que aconteceu. O governo Bush, durante os últimos três anos, contribuiu mais para impulsionar a Alemanha a formar um bloco anti-Estados Unidos com a França do que Charles de Gaulle conseguiu em sua longa e brilhante carreira.

Felizmente, a posição norte-americana na Europa é forte. O esforço franco-alemão de incentivar a Europa a se opor à política norte-americana no Iraque parece ter prejudicado mais as relações francesas e alemãs com o resto da União Européia do que com os Estados Unidos. A arrogância e o unilateralismo, que tanto Paris quanto Berlim demonstraram durante essa crise, foram uma revelação para muitos de seus vizinhos. Além disso, o comportamento das duas nações de não aderir aos termos do pacto de estabilidade subjacentes ao euro, no outono de 2003, demonstrou um enorme desprezo pelas instituições internacionais e pelo Estado de Direito.

Entretanto, o fato de a arrogância francesa e alemã e as divisões naturais geradas pelos ciúmes inerentes à política européia significarem que a "velha Europa" não pode criar uma nova força anti-Estados Unidos permanente na política mundial não garante o sucesso do governo Bush em relação à política européia. "Dividir e governar" é a máxima que funcionou para o governo Bush na Europa, mas o objetivo da política externa norte-americana durante 60 anos foi unir a Europa e cooperar com ela. A política Bush de dividir a Europa em blocos pró e antinorte-americanos foi um retrocesso ao antigo objetivo dos Estados Unidos de tornar a Europa uma força capaz de ajudá-los a promover os valores democráticos e o Estado de direito em todo o mundo. Estamos mais longe da meta de uma Europa unida, vigorosa e cooperativa do que estávamos há três anos; governos futuros precisarão trabalhar para consertar o dano causado pela descuidada diplomacia do governo Bush.

No entanto, a equipe de Bush ainda não conseguiu perceber que o enfraquecimento da Europa é um problema para a política externa norte-americana, não uma oportunidade. O longo declínio demográfico e (em termos relativos) econômico da Europa, associado a sua aparente inabilidade de manter forças de defesa adequadas significa que os Estados Unidos contam, hoje, com menos apoio de países que compartilham muitos dos seus principais valores. Isso aumenta os custos e riscos do papel mundial norte-americano.

Ao mesmo tempo, o ressentimento europeu causado pela queda do seu prestígio mundial cria uma dor de cabeça política para os Estados Unidos. Se, como aconteceu nos dois primeiros anos do governo Bush, os Estados Unidos forem muito duros e desprezarem a Europa, facilmente eles se tornarão um bode expiatório para o descontentamento dos europeus em relação ao seu posicionamento no mundo. Os europeus culpam o unilateralismo de Washington – em vez de suas más decisões políticas e econômicas – por terem perdido sua influência. Dessa forma, a Europa tem menos chance de tomar decisões mais eficientes, capazes de transformar ou, no mínimo, desacelerar o seu futuro declínio, além de reduzir as oportunidades do continente de se unir a Washington com os recursos e poder consideráveis que ainda tem. A reforma econômica e a cooperação em relação à política externa com base em uma estrutura de compromisso inteligente – mas não crítico à política externa norte-americana – permanece sendo a melhor escolha da Europa. A diplomacia dos Estados Unidos deveria facilitar este caminho para líderes alemães e franceses; infelizmente, não foi assim durante o primeiro mandato de Bush. Futuros presidentes norte-americanos, mesmo aqueles que defendem as premissas básicas de Bush sobre o papel da Europa no mundo, precisarão encontrar um novo e melhor meio de lidar com os principais aliados dos Estados Unidos na Guerra Fria.

Os erros diplomáticos custosos do governo Bush não se restringem somente à política européia. A Europa foi um estrondoso desastre para o governo Bush; já a América Latina, um silencioso. Talvez a única grande decepção para os simpatizantes de Bush tenha sido o fracasso do governo ao não dar continuidade à relação iniciada de forma excelente com o México. Bush declarou, em 5 de setembro de 2001, que "os Estados Unidos não tinham uma relação mais importante do que a estabelecida com o México".[6] Porém, o México de Vicente Fox, com grandes esperanças de construir um novo tipo de relacionamento com os Estados Unidos, foi claramente negligenciado após o 11 de Setembro.

A prioridade diplomática de Fox – os acordos de imigração com os Estados Unidos, que poderiam ter melhorado as vidas de mexicanos em busca de empregos temporários no Norte da fronteira – ficou bem mais difíl de ser alcançada após o 11 de Setembro, uma vez que a opinião norte-americana estava muito mais sensível quanto à importância da segurança nas fronteiras e a recessão havia ressaltado a competição pelo trabalho de baixos salários do imigrante. Bush caminhou nesta direção, no início de 2004, mas fez muito pouco e muito tarde. Os Estados Unidos deveriam ter apoiado mais o presidente Fox nos primeiros anos de seu governo. Talvez, os EUA tenham perdido uma rara oportunidade de fazer uma diferença histórica em uma importante relação – hoje, as ameaças às frágeis instituições da democracia mexicana e a sua sociedade civil ainda são bastante reais.

A atuação de Bush no hemisfério ocidental não pode ser muito comemorada. O apoio ao golpe abortado contra o presidente venezuelano Hugo Chávez constrangeu os Estados Unidos e deu a seus inimigos motivos para questionar a sinceridade de seu apoio à democracia no hemisfério, uma vez que não foram bem-sucedidos ao tentar ajudar a Venezuela a sair do buraco que Chávez e sua oposição cavavam. Regimes pró-Estados Unidos, tanto na Argentina como no Brasil, foram substituídos por governos que buscam se distanciar da administração Bush e dos objetivos políticos e econômicos norte-americanos em geral. As negociações a favor da Área de Livre Comércio das Américas (Alca) declinaram; em novembro de 2003, no encontro ministerial da Alca em Miami, o acordo fechado não alcançou as expectativas iniciais.

Em geral, o governo Bush sofreu o maior recorde de contratempos e derrotas em sua diplomacia pública. Não é preciso citar pesquisas de opinião nem outras evidências; desde o auge da Guerra do Vietnã, os Estados Unidos não eram tão impopulares em tantas platéias importantes de vários países. Certo ou errado em sua essência, o governo Bush não conseguiu defender suas idéias para a opinião mundial. Nesse sentido, o efeito deste sério fracasso, ainda vivo, tem sido o fornecimento de ajuda e conforto aos inimigos norte-americanos, dificultando quase todas as tarefas da política externa dos Estados Unidos. As conseqüências deste desempenho desastroso se prolongarão por bastante tempo; boa parte do estrago causado à imagem dos Estados Unidos no exterior por sucessivos erros ao longo dos três primeiros anos da gestão Bush certamente não será rápido ou facilmente reparado.

Os críticos mais severos de Bush apresentaram uma explicação simples para a fracassada diplomacia pública: a política externa de Bush era bastante impopular em todo o mundo porque era terrível e estava fadada ao fracasso – embora seja possível colocar um bonito laço rosa num gato morto, não se pode vendê-lo.

Com base em minha própria experiência de discutir a política externa norte-americana com vários públicos e mídia na Europa, na Ásia, na América Latina e no Oriente Médio, ao longo dos últimos três anos, posso dizer com segurança que a situação é bem mais complexa que isso. Quando se tem uma chance real de ouvir e discutir as perspectivas que formam a política externa norte-americana, públicos estrangeiros muitas vezes se tornam mais solidários. As críticas não desaparecem por completo e alguns estrangeiros, assim como muitos norte-americanos, nunca apoiarão o governo Bush – mas já testemunhei várias vezes uma forte antipatia estrangeira se atenuar à medida que o público se torna mais consciente da enorme quantidade de considerações e objetivos que modelam a estratégia nacional norte-americana. No entanto, estudantes estrangeiros, empresários, analistas da mídia e até mesmo alguns especialistas de política externa comentaram, após muitas destas palestras, que esta havia sido a primeira vez que escutavam uma abordagem séria e cadenciada sobre a política externa norte-americana no mundo pós-11 de Setembro.

Ao mesmo tempo que há questões locais muito específicas, as quais influenciam o modo como públicos diversos reagem à política externa norte-americana, parece haver também alguns fatores comuns por trás da incapacidade dos Estados Unidos de conseguir que seu lado da história seja ouvido atualmente. Para começar, durante os anos 1990, tanto republicanos quanto democratas no Congresso limitaram o gasto com a diplomacia pública. Se a história já havia terminado, não havia motivo para manter bibliotecas, centros de estudos, programas com palestrantes em todo o mundo a fim de explicar a sociedade e a política norte-americanas. A Agência de Informação dos Estados Unidos, responsável pela diplomacia pública, passou a fazer parte do Departamento de Estado e isso, muitos observadores concordam, reduziu de modo considerável a efetividade do seu alcance. Esses programas foram construídos durante a Guerra Fria porque formuladores de política externa acreditavam que os objetivos de sua ação não seriam aceitos sem uma ampla diplomacia pública, capaz de ajudar a criar um ambiente favorável ou, no mínimo, esclarecedor para o público em relação aos rumos da estratégia norte-americana. Após o 11 de Setembro, quando mais uma vez os Estados Unidos precisaram desse apoio, não havia pessoas, programas nem os recursos para um comprometimento construtivo com a opinião pública na maior parte do mundo.

A ausência de uma infra-estrutura para construir o entendimento da política externa norte-americana no mundo foi bastante prejudicial, principalmente por causa das mudanças dramáticas na política externa dos Estados Unidos tanto antes quanto depois do 11 de Setembro e em função da decisão estratégica do governo Bush de que era mais importante assustar e intimidar potenciais adversários do que tranqüilizar os amigos ou persuadir os céticos. Declarações muito duras e dramáticas de funcionários do alto escalão militar norte-americano, com o objetivo de dissuadir governos hostis de colaborar com os inimigos dos EUA, tiveram, muitas vezes, o efeito contrário, indispondo e alarmando os aliados. Ao mesmo tempo, europeus e outros estavam bastante despreparados para lidar com o súbito reaparecimento do caráter jacksoniano nacional na política externa dos Estados Unidos.

Mas as falhas mais críticas de comunicação da diplomacia pública norte-americana ocorreram no contato com as elites em vez de com o povo. Durante a Guerra Fria, e mesmo subseqüentemente, as elites políticas de países aliados norte-americanos realizaram a tarefa crítica que os Estados Unidos não poderiam fazer: defenderam a aliança e a cooperação com os Estados Unidos em seus próprios países. As habilidades políticas, o entendimento sobre as próprias culturas, o poder institucional e o respeito que os outros cidadãos tinham por eles permitiram a líderes como Konrad Adenauer atrair a Alemanha para a aliança ocidental, por exemplo. Com base na convicção de que a liderança norte-americana era positiva para seus próprios países, políticos, jornalistas, romancistas, ensaístas, professores universitários, líderes trabalhistas e muitos outros defenderam de forma espontânea os Estados Unidos e a aliança com os norte-americanos. Mesmo quando, de tempos em tempos, tais líderes discordavam de aspectos específicos da política norte-americana, o trabalho árduo e necessário para manter tais alianças fortes permanecia.

No entanto, a razão principal para a dificuldade encontrada pela diplomacia pública do governo Bush foi que, em muitos países, houve um "distanciamento das elites" – uma perda de apoio desta essencial classe de líderes de opinião. Isso não aconteceu em todos os países do mundo; no Leste europeu e no Sul da Europa, por exemplo, enquanto a opinião pública, muitas vezes, não apoiou a política norte-americana no Iraque, por seus próprios méritos, os líderes locais conseguiram conquistar o apoio da população para os Estados Unidos. Quase sem ajuda e com grande custo político, o primeiro-ministro Blair cumpriu as responsabilidades deste papel na Grã-Bretanha. Mas, na maior parte da América Latina, no Leste da Ásia, no Oriente Médio, e certamente na "velha Europa", os Estados Unidos não puderam contar com o grande apoio das elites, característico de épocas anteriores. Sem uma base local composta por personalidades confiáveis capazes de promover idéias pró-norte-americanas por conta própria, será muito difícil para os Estados Unidos ganhar o tipo de apoio que uma política externa ativa – qualquer uma, não só a atual – exige.

É muito simples responsabilizar a crise no Iraque por esse problema. Na Coréia, o rompimento está ligado à sucessão de gerações; os jovens coreanos se ressentem pelo apoio dos norte-americanos a governos militares no passado e se preocupam menos com a agressão da Coréia do Norte do que com a presença contínua de tropas dos Estados Unidos na península. (A Coréia do Sul, como já era esperado, apoiou a política norte-americana no Iraque e enviou tropas para lá.) Na América Latina, um declínio preocupante do apoio da elite aos Estados Unidos reflete uma desilusão com as conseqüências da política econômica e comercial norte-americana nos anos 90. Independentemente do momento e do país, o apoio da elite da América Latina aos Estados Unidos ficou muito desgastado em virtude do temor em relação ao poder do capitalismo global direcionado para o mercado – promovido hoje pelos norte-americanos – de enfraquecer as posições destes países no sistema internacional.

Mas, se a política externa do governo Bush não pode ser inteiramente culpada pelo contínuo distanciamento das elites em relação ao projeto norte-americano, o governo, no mínimo, deve assumir alguma responsabilidade por não conseguir se prevenir contra isso e nem mesmo, quando possível, mudar esta tendência ou pelo menos aliviar os seus efeitos. As conseqüências práticas dessas falhas impactaram seriamente a gestão Bush e ajudam a compreender alguns dos fracassos nas Nações Unidas e em outros lugares, quando se tentou revigorar antigas alianças norte-americanas para a guerra contra o terror.

O distanciamento das elites é um problema que futuros governos norte-americanos precisarão lidar com mais cuidado. É uma vertente perigosa e é preciso tranformá-la.

TENTAR ENTENDER AS ORIGENS de alguns problemas da política externa atual dos Estados Unidos é mais que um exercício intelectual. O governo Bush assumiu o mandato como uma gestão ambiciosa, talentosa e bastante séria, cuja liderança incluía algumas das personalidades mais exímias do país. Forças e idéias responsáveis por moldar a política externa norte-americana da próxima geração foram cultivadas neste governo.

Alguns dos erros mais custosos de política externa parecem estar diretamente associados às dificuldades de manter a coalizão unida. A falha de planejamento do Iraque no pós-guerra pode, em parte, ser resultado da suspeita e da hostilidade entre diferentes facções dentro do próprio governo. Os neoconservadores não queriam burocratas realistas adeptos da política de compromissos no Departamento de Estado, organizando o governo no pós-guerra. No entanto, os neoconservadores da liderança civil de um Pentágono contrário à prática de construção de nação não tinham apoio nem recursos para elaborar planos sérios. A pobre defesa a favor da guerra também parece refletir uma insatisfação geral entre as diferentes correntes ideológicas da coalizão governante.

Nem mesmo os defensores mais engajados da gestão Bush se esforçaram para justificar a seqüência de equívocos e oportunidades perdidas, que marcaram os primeiros meses da atual coalizão no Iraque. O mal planejamento da restauração da ordem e da infra-estrutura deu oportunidade aos defensores de Saddam Hussein – inicialmente atordoados com a rapidez com que o regime entrou em colapso – de formar uma resistência contra a ocupação. Essas falhas custaram aos Estados Unidos uma considerável perda da boa vontade entre os iraquianos e o mundo árabe. Tais equívocos são os menos desculpáveis, já que as experiências no Afeganistão serviram para mostrar aos formuladores de política algumas das dificuldades inerentes ao processo de ocupação e pacificação de um grande país. No fim, o governo Bush acabou cumprindo a melhor política possível para o Iraque – removendo Saddam Hussein do poder e colocando no lugar um governo novo e de aspirações democráticas –, mas da pior forma possível.

É bastante doloroso observar que os responsáveis por estas falhas de planejamento pertencem à ala neoconservadora da administração Bush – grupo que mais defendeu a importância da guerra no Iraque como o início de uma transformação democrática de todo o Oriente Médio. Eles também usaram as razões humanitárias para justificar a intervenção no Iraque: o sofrimento do povo iraquiano sob o regime de Saddam Hussein era insuportável. As pessoas que acreditam nessas idéias não conseguem entender os desafios diante delas, nem tomar as medidas necessárias para cumpri-las.

A maioria das críticas que as pessoas fazem a esses wilsonianos reformistas é de caráter ideológico. Os críticos acham que os Estados Unidos deveriam se preocupar mais com as Nações Unidas, com os aliados europeus ou com o aquecimento global. Porém, os fracassos da ocupação no Iraque seguem um perfil diferente: neste caso, os neoconservadores identificaram um objetivo estratégico importante, mas, em seguida, fizeram um trabalho malfeito.

Felizmente, para os Estados Unidos, para o Iraque e para o mundo inteiro, essas falhas foram danosas, mas não decisivas. O caos político criou dificuldades desnecessárias e prejudicou a credibilidade norte-americana, mas a intervenção ainda não foi condenada ao fracasso total. Hoje, nos resta apenas esperar que os responsáveis por essa desordem reflitam profundamente sobre suas falhas e, caso os Estados Unidos enfrentem outro desafio semelhante ao que vivem hoje no Iraque, os responsáveis diretos pela iniciativa saibam lidar melhor com a situação.

O GOVERNO SÓ FOI BEM-SUCEDIDO na solução de parte dos problemas clássicos da política externa norte-americana. Guerras longas e complexas não podem ser travadas sem um forte apoio jacksoniano, mas as idéias deles no que diz respeito a estratégia e tática nem sempre são adequadas às restrições impostas pela situação internacional. Lyndon Johnson não pôde invadir o Norte do Vietnã nem mesmo bloquear suas bases para impedir o reabastecimento das forças inimigas no Sul. Harry Truman foi proibido de "soltar Chiang Kai-Shek" e de transformar o conflito da Coréia numa guerra contra a China. Os Estados Unidos não podiam permitir que o Irã e a Coréia do Norte conseguissem armas nucleares, mas usar sua força militar contra estes países era uma questão bastante complexa no cenário internacional. Bush não podia tolerar as atividades da Al Qaeda, no entanto há limites para o grau de violência usado contra vários países do mundo árabe. O terrorismo não pode ser aceito, mas os Estados Unidos, em algum momento, precisam de um processo de paz entre palestinos e israelenses.

Além do mais, a construção de nações estrangeiras bem como gastar dinheiro ou perder soldados fora de seu território não agradam os jacksonianos. Após a derrubada de Saddam Hussein no Iraque e, principalmente, depois que as sensacionalistas armas de destruição em massa não foram encontradas, os jacksonianos começaram a perder o entusiasmo de ver tropas norte-americanas sendo atacadas, tentando defender postos de controle e cruzamentos. A idéia de gastar bilhões de dólares derivados dos impostos norte-americanos – numa época de dificuldade econômica e déficits crescentes – com a reconstrução do país, que detém a segunda maior reserva de petróleo do mundo, não satisfazia mais os jacksonianos. A notícia de que o governo Bush queria financiamento para estabelecer os correios no Iraque provocou a oposição jacksoniana, que argumentava que o país, com a segunda maior reserva de petróleo do mundo, certamente poderia pagar por seu próprio serviço postal.

Os jacksonianos até estão convencidos de que os Estados Unidos devem governar a todos os custos o Iraque e que as tropas norte-americanas devem receber dinheiro, mas este não é o tipo de guerra que eles previram. Ao perceberem que os neoconservadores encaram o trabalho de reconstrução e ocupação como um modelo em potencial para todo o Oriente Médio, os jacksonianos ficaram impacientes e desconfortáveis.

Um problema constante na política externa norte-americana é o fato de os wilsonianos freqüentemente assinarem cheques que os jacksonianos não querem descontar. Esta é uma das muitas formas na qual os neoconservadores wilsonianos se aproximam dos antigos defensores de intervenções pró-humanitária e pró-ONU.

Além das dificuldades do governo, nenhuma das três linhas – wilsonianos reformistas, nacionalistas populistas ou jacksonianos – tem uma longa história de responsabilidade governamental. Os neoconservadores tiveram cargos superiores em gestões passadas, mas a associação entre os instintos políticos do presidente e o clima político após o 11 de Setembro proporcionou a eles uma chance inédita de retirarem suas idéias das instituições de pesquisa e dos livros para implementá-las na prática. Uma máxima famosa na ciência militar é de que nenhum plano de batalha sobrevive ao contato com o inimigo; os neoconservadores descobriram, no Iraque, o que partidários de outras doutrinas de política externa aprenderam em gestões anteriores: a vulnerabilidade das doutrinas políticas e das idéias abstratas na prática. Por isso, é provável que muitos neoconservadores, após a política de guerra no Iraque, dêem uma atenção maior à complexidade e à contingência dos eventos.

■

TANTO DEMOCRATAS QUANTO republicanos, hoje, acreditam que a política externa do governo George W. Bush apresenta pouco em comum com as políticas assumidas pelo presidente Clinton. Mesmo assim, esse raciocínio ignora alguns fatos básicos. Clinton é um dos democratas mais simpáticos à política da gestão Bush, apoiando o atual presidente em relação à questão dos perigos gerados pelo regime de Saddam Hussein no Iraque.

Em muitos aspectos, os dois governos se complementam nesses assuntos, e tanto os principais êxitos quanto os problemas mais graves da gestão Bush refletem as falhas e os sucessos da Presidência Clinton. O forte apoio da Europa central a favor da guerra no Iraque – contribuição que bloqueou efetivamente o esforço franco-alemão de organizar a Europa contra os Estados Unidos – reflete a relação próxima que se desenvolveu entre os Estados Unidos e países como a Polônia, graças ao perspicaz trabalho do governo Clinton de expandir a Otan aos países do Leste. Sem o bem-sucedido esforço da administração Clinton de atrair a China para a OMC e de dar ao país um acesso permanente ao mercado norte-americano, a gestão Bush não teria conseguido consolidar a relação sino-norte-americana após o 11 de Setembro. A relação entre os Estados Unidos e a Rússia, no governo Bush, também foi firmada durante o governo Clinton.

Os problemas mais graves de Bush têm origem em áreas e questões nas quais a política externa de Clinton apresentou menos êxito. O acordo do governo Clinton com a Coréia do Norte não foi, infelizmente, suficiente para interromper o investimento progressivo do regime em armas nucleares. Os efeitos políticos da crise financeira asiática em 1997-98 prejudicaram as relações dos Estados Unidos com a Indonésia, com a Coréia do Sul e com a

Malásia. A facilidade com que os simpatizantes da Al-Qaeda foram capazes de operar na Indonésia foi resultado do colapso econômico e político do regime Suharto e refletiu também a desilusão pública em relação à resposta norte-americana à crise financeira. Além disso, a crise econômica também ajudou a consolidar sentimentos nacionalistas anti-Estados Unidos entre muitos coreanos do Sul. E apesar de os problemas na América Latina, inclusive na Venezuela e na Colômbia, não terem estourado nos primeiros anos da presidência Bush, os fracassos da política Clinton na região prepararam o cenário para os desafios futuros.

Acima de tudo, as questões enfrentadas pela administração Bush no Oriente Médio eram muito sérias tanto por causa das falhas de Clinton ao não lidar de modo efetivo com a Al-Qaeda nem com Saddam Hussein quanto em função do colapso do processo de Oslo, que deixou tanto palestinos quanto israelenses desconfiados e ressentidos.

Além disso, as suposições compartilhadas pelos dois governos contribuíram para muitos dos principais problemas da gestão Bush. Na Introdução, escrevi sobre a convicção norte-americana, durante os anos 1990, de que os Estados Unidos se tornaram uma nação irresistível e que a história tinha terminado com o colapso da União Soviética. Tanto os governos Clinton e Bush tinham essa mesma perspectiva, que persistiu por um bom tempo, mesmo após o choque do 11 de Setembro. Embora membros da gestão Bush tenham criticado o suposto desprezo pela força nacional durante os anos Clinton, eles não podem negar que este comportamento se manteve mesmo após Bush assumir. Antes do 11 de Setembro, o governo Bush deu pouca atenção às opiniões de outros países – em parte por acreditar que nunca precisaria da ajuda deles. Mesmo depois do 11 de Setembro, o governo norte-americano ainda estava sujeito a destruir sua chance de sucesso ao acreditar que outros países não tinham outra escolha a não ser seguir a liderança norte-americana.

Mesmo com todo o seu discurso sobre o poder norte-americano, o governo Bush freqüentemente parecia não saber como agir. Pior, parecia não ter consciência de que seu poder persuasivo estava bem limitado. Em muitos momentos, Washington se arriscou pedindo ajuda internacional – votos no Conselho de Segurança, tropas ou ajuda financeira no Iraque –, sofrendo, em seguida, grande rejeição pública. A aparência e a reputação do poder é uma parte importante de sua essência; expor os Estados Unidos a repetidas recusas públicas enfraqueceu a reputação do país e, portanto, seu poder durante a gestão Bush.

Em alguns momentos, o governo norte-americano parecia o Mágico de Oz falando alto: "Não prestem atenção nesse homem por trás da cortina!" Os gritos se elevavam, os trovões rugiam, a fumaça fervia e as luzes brilhavam – mas não havia mais um poder para inspirar assombro nem obediência. O governo Bush era, muitas vezes, como o homem que troca um fusca por um jipe e assume que, por ter um veículo maior e mais poderoso, pode se aventurar com mais coragem num lago de gelo. O veículo não era mais forte, a mudança (do fordismo para o capitalismo do milênio, usando-se a metáfora) desencadeou forças que enfraqueceram o gelo – o apoio político a favor dos Estados Unidos – sobre o qual o governo precisava caminhar.

Não é que a nova postura norte-americana no sistema global exacerbe alguns problemas, mas que os EUA ainda não desenvolveram novas e positivas respostas, com base no renascimento norte-americano, aos problemas inerentes ao projeto norte-americano. Em um certo sentido, isso significa que os EUA precisam pensar mais sobre o seu renascimento, com o objetivo de superar os problemas apontados pelos críticos. Ao mesmo tempo, precisam pensar mais de forma realista sobre o seu renascimento de modo a não assumir que todos os problemas irão se desmanchar no ar com um uso mais assertivo da força.

Para entender isso, podemos observar as conseqüências da ascensão dos neoconservadores para a política externa norte-americana – um desenvolvimento importante e de muitas formas benigno que, entretanto, tornou a tarefa da política externa norte-americana, em alguns aspectos, mais difícil. O Oriente Médio é um exemplo óbvio, no qual a intenção dos neoconservadores de pressionar a favor da democratização preocupa bastante alguns dos antigos aliados da América, como os regimes não democráticos do Egito e da Arábia Saudita. A política externa neoconservadora no Oriente Médio traz riscos para os Estados Unidos, mas como esse grupo de pensadores desprezam abertamente antigas instituições wilsonianas, como as Nações Unidas e os poderes da "velha Europa", os norte-americanos se encontram sozinhos e isolados, quando uma política neoconservadora de alto risco dá errado, como no Iraque pós-guerra.

Mais força e mais tensão: o renascimento norte-americano tem trazido ambos os aspectos para os Estados Unidos. No país, o renascimento defende, entre outras coisas, uma intensificação e uma aceleração do desenvolvimento capitalista permanente. Ao remover barreiras e regulações a fim de promover uma política de negócios amigável e o contínuo desenvolvimento dos mercados de capital, os formuladores da política norte-americana reformista apresentam a lógica interna do capitalismo como uma oportunidade jamais vista de transformar a vida norte-americana. Se a história dos últimos 300 anos pode nos ensinar algo, é que esta abertura não só prenunciará uma nova era de inovação, prosperidade e poder dos Estados Unidos, mas também ondas de agitação social e dificuldade para outros países no mundo. O renascimento norte-americano aumentará a tensão revolucionária causada pelo capitalismo; isso trará mais problemas para a política externa norte-americana, mesmo que aumente os recursos dos Estados Unidos e o seu poder relativo.

Os Estados Unidos não retardarão seu desenvolvimento capitalista a fim de evitar ofender as sensibilidades dos outros países e, provavelmente, não poderiam se tentassem. Para a política externa norte-americana, isso significa que à medida que os recursos e a força relativa dos Estados Unidos continuem a crescer, o país deverá se esforçar mais para superar a resistência e o ressentimento decorrentes da forma como suas práticas comerciais e estratégias de corporação afetam o desenvolvimento de outros países, forçando-os a escolher entre mudanças econômicas e sociais impopulares ou a manutenção de uma inferioridade cada vez mais visível frente ao colosso norte-americano. As conseqüências desse processo serão apenas uma parte do que os Estados Unidos terão de lidar – volatilidade, reviravoltas econômicas e agitação política, atividade antiglobalização e anti-Estados Unidos em países do primeiro e do terceiro mundo – e contribuirão também para uma séria crise de legitimidade do sistema norte-americano.

Nunca devemos esquecer de que os Estados Unidos estão provocando uma revolução em seu próprio sistema. O poder mais forte do mundo está ainda mais forte ou, no mínimo, acha que está. Isso, inevitavelmente, deflagra reações na sociedade internacional à medida que outros países se ajustam à nova postura dos Estados Unidos e reagem a isso. A mudança sempre causa problemas para poderes hegemônicos, mesmo quando a transformação é motivada pela força crescente de um *hegemon*. O movimento reformista norte-americano em sua política externa cresce a partir da noção de que o mundo e os Estados Unidos estão num período de mudança intensa e rápida: os Estados Unidos precisam refletir muito mais do que antes sobre como a sua própria política externa deveria reagir às forças poderosas que são desencadeadas no sistema.

■

COM A TRANSIÇÃO PARA o capitalismo do milênio e o avanço da aceleração do progresso tecnológico, o poder crescente dos Estados Unidos se soma ao elevado nível de ameaça, para exacerbar a contradição básica do sistema global. Esta é uma ordem mundial, em que todos os Estados têm um interesse igual, ou é um império norte-americano imposto pelos Estados Unidos aos outros? Na verdade, o projeto dos Estados Unidos é e permanecerá sendo uma incômoda combinação dos dois. É uma ordem fundamentada no poder, e controlar o equilíbrio entre estes dois aspectos do sistema mundial é uma das tarefas mais delicadas e críticas que os formuladores norte-americanos precisam enfrentar.

Depois do 11 de Setembro, o governo Bush perdeu o controle desse equilíbrio. A gestão norte-americana foi incapaz de deter a propaganda hostil, estimulada por questões e preocupações reais, de que sua nova doutrina de conflito armado preemptivo e de ação unilateral representava uma transição decisiva na política dos Estados Unidos em direção à criação de um império que, de modo natural e óbvio, ameaçaria a independência e os interesses de outros países em todas as partes do mundo. Uma ação militar perfeitamente justificável contra um regime pária no Iraque foi divulgada de forma efetiva e ampla como um ataque dos Estados Unidos contra as fundações da ordem internacional.

O governo também perdeu o controle ao administrar o papel dos Estados Unidos no conflito entre Israel e os palestinos. Os Estados Unidos deveriam defender Israel e apoiar seu direito de existir, mas também deveriam ser identificados como defensores das causas legítimas dos palestinos. Bush fez mais do que qualquer outro presidente norte-americano ao argumentar a favor do direito dos palestinos de terem seu Estado, mas sem uma forte reação norte-americana a políticas israelenses de visão curta, estas concessões tiveram pouco efeito sobre os palestinos e sobre a opinião árabe. Coordenar esse problema no Oriente Médio é um dos mais difíceis testes enfrentados por qualquer presidente norte-americano; infelizmente os custos do fracasso são altos. As gestões futuras terão de compensar o terreno perdido durante o governo Bush.

■

NÃO QUERO TERMINAR as críticas ao governo sem antes ressaltar que é muito mais fácil ficar sentado criticando a política externa norte-americana do que administrá-la, principalmente quando o projeto dos Estados Unidos enfrenta, hoje, desafios econômicos, políticos e militares sem precedentes. No verão de 1864, Abraham Lincoln foi bastante criticado por não ter sequer uma estratégia para a Guerra Civil e travar uma árdua campanha pela reeleição contra um general popular, George B. McClellan, com apoio do

Partido Democrata. Nem Winston Churchill nem Franklin Roosevelt foi coberto de glórias durante a primeira fase de liderança em tempos de guerra.

É preciso reconhecer que os oponentes internos de Bush também não foram cobertos de glória no que diz respeito à política externa. Até mesmo nos piores momentos da Presidência Bush – quando Saddam Hussein ainda estava solto e as baixas entre as forças de coalizão no Iraque chegavam a quase cem por mês –, as pesquisas de opinião mostraram que o povo norte-americano confiava mais na gestão Bush do que nos democratas no que diz respeito à segurança nacional. Essa era mais uma prova da habilidade de Bush de compor uma política externa de acordo com os instintos morais e políticos do povo norte-americano e de que a oposição ainda não havia apresentado uma estratégia alternativa convincente. Se há uma lição que todos nós deveríamos aprender com o 11 de Setembro e com a guerra contra o terror, é que a política externa é árdua. É duro planejá-la e executá-la bem e é quase tão difícil se opor a uma política externa de modo efetivo, inteligente e sensível.

Não importa quem esteja na Casa Branca, os próximos anos tendem a testemunhar um cenário internacional difícil. Os norte-americanos esperam e merecem uma discussão franca sobre sua liderança em tempos de guerra. O governo Bush reconheceu e reagiu com vigor ao maior desafio de segurança enfrentado pelos Estados Unidos desde o auge da Guerra Fria. O país lançou com sucesso uma contra-ofensiva aos centros da Al-Qaeda no Afeganistão; ao retirar Saddam Hussein do poder, desencadeou uma agitação que afetou toda a região e criou uma oportunidade para um futuro novo e mais estável no Oriente Médio. Ainda assim, estas corajosas políticas foram executadas de modo que desvalorizaram a vitória. O governo foi incapaz de convencer a maioria da opinião pública a concordar com o perigo representado por Saddam Hussein e grande parte deste apoio se dissipou quando as informações secretas a respeito do programa de armas de destruição em massa se mostraram falhas. O governo Bush não conseguiu desenvolver nem implementar um plano coerente para o Iraque no pós-guerra, cujas conseqüências não podem ser totalmente compreendidas até hoje. O preço das vitórias foi o colapso de algumas das mais importantes alianças norte-americanas concretizadas durante a Guerra Fria. E mesmo que a gestão Bush pretendesse proteger o trunfo mais significativo de qualquer governo dos Estados Unidos em tempos de guerra – a confiança do povo norte-americano –, sua condução da política externa dividiu de modo perigoso o corpo político nacional.

Só podemos esperar que, nesse tempo restante de mandato, curto ou longo, o governo Bush mantenha sua visão estratégica, adquira mais habilidades táticas e construa um consenso nacional e internacional mais amplo para suas políticas. Sem uma evolução na execução e na elaboração do consenso, o julgamento da história será, certamente, adverso.

IV

O FUTURO DA POLÍTICA EXTERNA NORTE-AMERICANA

10

O COMBATE AO TERROR

OS NORTE-AMERICANOS ENFRENTARAM dois desafios no final da década de 1940. Por um lado, era preciso impedir a difusão do comunismo pela Europa e pela Ásia enquanto o poder militar da União Soviética estivesse sob controle. Por outro, os Estados Unidos eram responsáveis por substituir o sistema mundial britânico por um novo conjunto de práticas e instituições econômicas e políticas. Se a contenção tivesse fracassado e o comunismo se disseminado pelo mundo, o novo sistema econômico e a rede norte-americana de alianças teriam declinado. Caso o sistema político e econômico dos EUA não fosse bem-sucedido, o poder comunista e soviético teria se espalhado por um mundo mais pobre e hostil.

Hoje, mais uma vez os Estados Unidos travam uma guerra em duas frentes, na qual precisam lidar com o desafio de terroristas fanáticos dispostos a atacar o país com armas de destruição em massa. Ao mesmo tempo, devem consertar o estrago causado ao próprio sistema, além de encontrar um modo de conduzir o projeto norte-americano em um cenário político e econômico novo e, de certo modo, menos favorável. Caso os norte-americanos não consigam lidar com os terroristas, a economia global e a ordem política, provavelmente, entrarão em colapso. E, se os EUA não conseguirem construir um sistema social e econômico capaz de satisfazer as necessidades básicas de um número suficiente de pessoas no mundo, os terroristas continuarão a recrutar novos aliados, enquanto os antigos amigos abandonarão os Estados Unidos, se tornarão inimigos ou ficarão indiferentes e impassivos.

De ambas as formas, os Estados Unidos perdem. Conseqüentemente, bilhões sofrerão e muitos morrerão no caos, na miséria e na destruição decorrentes.

Alguns observadores acreditam que os dois conflitos são menos interdependentes do que descrito acima. Uma vez que a maioria dos terroristas suicidas do 11 de Setembro era proveniente de famílias relativamente privilegiadas na Arábia Saudita – de modo algum o mais pobre dos países em desenvolvimento –, esses analistas argumentam que diminuir a pobreza mundial não é uma medida que pode dar fim ao terror.

A conclusão é tanto verdadeira quanto falsa. A ligação entre poder aquisitivo e terrorismo não é simples: as pessoas mais pobres do mundo não se tornam os terroristas mais perigosos. Isso não é novidade: os líderes comunistas mais audaciosos muitas vezes vinham, como Lênin, de famílias relativamente instruídas e privilegiadas. Stálin, por exemplo, foi um estudante seminarista em sua juventude e não um agricultor faminto, que sobrevivia com dificuldades nos campos. Ho Chi Minh freqüentou a prestigiada Academia Nacional em Hue e conheceu Londres e Paris. Fidel Castro, filho de um rico proprietário de plantações de açúcar, estudou na academia jesuíta e se formou em direito. Por fim, Che Guevara pertencia à classe média argentina e tinha um diploma em medicina.

No entanto, é verdade que sociedades em crises econômicas, políticas e sociais proporcionam o espaço necessário para o desenvolvimento de ideologias radicais e de uma opinião pública aberta a valores e ideais totalitários. As reviravoltas, os deslocamentos, os sofrimentos, as ansiedades e as decepções da vida na Rússia e na Europa industrializada não só ajudaram a fomentar as teorias fascistas e comunistas, como tais problemas sociais impulsionaram a receptividade de milhões de europeus aos apelos totalitários.

Além disso, as desordens e as falhas de um sistema capitalista em crise enfraqueceram as forças da ordem. As elites empresariais e culturais, que poderiam contribuir para estabilizar a Alemanha de Weimar, foram avariadas pela inflação do pós-guerra. A pobreza e a miséria da Itália e da França, no pós-Segunda Guerra Mundial, fortaleceram bastante a posição dos partidos comunistas destes dois países, ao mesmo tempo em que ajudaram a enfraquecer a disposição e a capacidade dos anticomunistas de se defenderem. A consolidação da democracia na Rússia pós-comunista foi claramente impedida pelo fracasso na estruturação de uma economia próspera e organizada.

Atualmente, um novo fator torna estes problemas ainda mais urgentes: os Estados falidos. Governos que não conseguem policiar seus próprios territórios – ora porque a autoridade governamental não atinge a área rural ora em função de favelas urbanas com grande concentração de pessoas, onde zonas sem policiamento são controladas por gangues criminosas – apresentam um sério risco a um mundo no qual terroristas buscam refúgios e bases.

Portanto, a não ser que os Estados Unidos e seus aliados identifiquem meios de promover um desenvolvimento pacífico e ordenado na maior parte do mundo, as ideologias e organizações terroristas florescerão e a segurança interna norte-americana ficará ameaçada.

■

O CAPÍTULO FINAL lida com esses desafios, mas a tarefa mais urgente dos Estados Unidos é lutar e vencer o grande terrorismo. Para enfrentar com sucesso essa ameaça, os norte-americanos devem começar a aceitar que essa é uma situação de guerra: que apesar da natureza não-convencional da ameaça e do oponente, a nova forma radical de fascismo patrocinada por homens como Bin Laden e apoiada por organizações como a Al-Qaeda é um desafio fundamental às vidas, aos valores, às liberdades e a tudo o que os Estados Unidos tentaram criar no mundo. Os EUA não procuraram essa guerra e nem a querem; durante anos o país fez tudo para convencer o seu povo de que não havia uma guerra nem um esforço intenso de destruir a sociedade norte-americana por meio da violência ou do medo.

O tempo dirá, e logo, que tipo de ameaça os terroristas atuais são capaz. No entanto, apesar de esperarmos que o novo desafio possa ser superado rapidamente, não existe uma alternativa de ação prudente, uma vez que estes grupos podem e vão impor uma ameaça relevante sob um futuro próximo. Já temos provas suficientes tanto de suas intenções quanto de suas capacidades de se recuperar, além de possuírem recursos suficientes para continuar ameaçando os Estados Unidos. E mesmo que o país consiga em pouco tempo derrotar esse grupo particular de terroristas, será preciso ainda investir em arranjos políticos, segurança e investigações a fim de impedir novas ameaças semelhantes no futuro. As realidades políticas da vida norte-americana exigem que o governo assuma os medos e as preocupações da população com a devida seriedade e respeito. Até o momento, os Estados Unidos erraram mais ao subestimar a ameaça terrorista do que a superestimá-la. Em um país de amplas fronteiras, é bem mais fácil cair no erro de ignorar a presença dos terroristas do que no erro de construir uma defesa exagerada contra a sua possível ameaça.

■

SENDO ASSIM, OS ESTADOS UNIDOS precisam elaborar um modo de articular a grande estratégia na guerra contra o terror. O país deve definir uma série de conceitos para explicar a sua política para os aliados e à opinião pública mundial; além de um meio de debater a grande estratégia internamente. Na Guerra Fria, o projeto de conter a União Soviética e sua ideologia comunista surgiu relativamente no início do conflito e foi responsável por direcionar a grande estratégia norte-americana até a queda do muro de Berlim. A Guerra Fria, como a guerra contra o terror, era um tipo de conflito metafórico: o fato de a União Soviética ter adquirido um grande arsenal nuclear eliminou a possibilidade da disputa entre ambos os países ser decidida, como de costume, por meio da luta entre as grandes potências.

O conceito de contenção ajudou a transpor o vazio entre a grave ameaça e a forma não-tradicional de política externa para enfrentá-la. O objetivo era destruir o comunismo, mas o método não seria uma guerra entre grandes potências. De acordo com a análise clássica de George Kennan,[1] tanto o comunismo quanto o poder soviético dependiam da expansão para sobreviverem. Se os Estados Unidos impedissem a ampliação do comunismo, o Estado soviético se desintegraria e acabaria. Nesse meio tempo, durante 40 anos, o conceito da contenção permitiu que presidentes e congressos norte-americanos ganhassem o apoio público para ponderadas políticas de longo alcance, capazes de criar uma ordem mundial estável após o caos da primeira metade do século XX.

Nem todos nos Estados Unidos aceitaram a idéia da contenção. Alguns preferiam a "reversão": em vez de os Estados Unidos esperarem passivamente o desaparecimento do comunismo por si só, eles defendiam que os norte-americanos deveriam forçar o recuo da União Soviética sempre que possível. Outros consideraram a contenção muito dura e simplista; preferiam que os norte-americanos vivessem sua vida e deixassem os outros em paz – e, principalmente, não interviessem nos países em desenvolvimento para impedir a difusão do comunismo. Os defensores da contenção debatiam entre si sobre como aplicar essa grande estratégia em circunstâncias particulares. Que tipos de acordos de limitação de armas nucleares, se é que existiam, eram consistentes com uma política de contenção? A contenção significava apoiar o Sul do Vietnã contra o Norte? Significava o envio de tropas norte-americanas para combater as guerrilhas marxistas na América do Sul ou na África? Os negócios com a União Soviética se mantiveram consistentes com a política da contenção ou a estratégia fortaleceu mais os comunistas do que ajudou os EUA?

A contenção foi flexível o suficiente como estratégia para servir aos Estados Unidos tanto em tempos de crise – tal como a dos mísseis cubanos e a de Berlim nos anos Kennedy – quanto em tempos de relativa *deténte* como, por exemplo, durante o governo Nixon. Quando o ativismo soviético ameaçou romper a contenção, os presidentes conseguiram convocar o apoio público para permanecerem firmes. Em outras épocas, quando a liderança soviética parecia pronta para viver dentro do status quo exigido pela contenção, os Estados Unidos conseguiram trabalhar com os soviéticos a fim de reduzir a ameaça do confronto real entre as superpotências.

A política de contenção, que venceu a Guerra Fria, foi na verdade uma política de tripla contenção. Primeiro, os Estados Unidos procuraram conter o poder militar armado soviético ao formar alianças contra ele, ao ampliar a dissuasão nuclear, à medida que fosse necessário, e ao manter uma presença forte e confiável nas regiões de risco. Em segundo, Washington foi contra a expansão do governo comunista no mundo, até mesmo quando as forças pró-comunistas não eram as da União Soviética nem de seus satélites. Os norte-americanos apoiaram a bem-sucedida guerra de guerrilha britânica na atual Malásia; fizeram o possível para impedir a difusão do comunismo na Ásia, na África e na América Latina. Não tiveram sucesso em todos os casos e em todos os países, mas, durante os 40 anos de Guerra Fria, a política dos Estados Unidos certamente reduziu a capacidade do comunismo de conquistar novos territórios. Por fim, eles se opuseram à disseminação da influência comunista e soviética nas sociedades civis e nas estruturas políticas de Estados aliados não-comunistas. O movimento trabalhista norte-americano, governos estrangeiros e líderes trabalhistas aliados se uniram ao governo dos Estados Unidos para interromper a penetração comunista em organizações deste tipo norte-americanas e no exterior. Intelectuais anticomunistas e personalidades culturais também tentaram contribuir e se ofereceram para combater a influência da grande e intimidadora presença da liderança comunista cultural e intelectual em várias partes do mundo. Os Estados Unidos também investiram de forma considerável ao garantir, aos líderes não-comunistas e anticomunistas locais, meios e apoio necessários para ajudá-los a manter suas próprias sociedades livres deste problema.

Uma vez que os norte-americanos busquem uma estrutura estratégica igualmente flexível e útil para se organizar e se mobilizar para a guerra contra o terror, eles podem fazer pior do que atualizar o antigo conceito de contenção para este novo tipo de realidade. Como a Guerra Fria, a nova guerra não pode ser resolvida segundo as velhas fórmulas. A Al-Qaeda e as várias organizações que agem livremente não são um Estado; os Estados Unidos não vão derrotá-las enviando os exércitos contra os deles. Como a Guerra Fria, a guerra contra o terror exigirá um conjunto de atividades militares, secretas, políticas, econômicas e culturais. E assim como a Guerra Fria, esse confronto incluirá, provavelmente, tanto momentos de calma relativa quanto épocas de grande crise, além de demandar uma paciente e firme determinação do povo norte-americano.

O conceito de contenção ainda apresenta outra vantagem: é familiar aos antigos aliados norte-americanos e à comunidade internacional. Um dos efeitos colaterais da política de guerra do governo Bush tem sido alarmar e alienar alguns de nossos parceiros mais importantes. Para mudar este processo, fortalecer as alianças e atualizá-las para a nova situação é preciso preservar a continuidade entre as políticas atuais e as do passado. Articular a grande estratégia norte-americana em termos de contenção enfatiza a sua resolução firme e inflexível de ganhar a guerra, além de realçar o desejo dos Estados Unidos de usar estratégias flexíveis, apropriadas e pragmáticas para lutá-la.

A nova guerra não é idêntica à Guerra Fria, nesse sentido existirão diferenças na conduta estratégica. Uma delas é que a dissuasão não opera do mesmo modo na guerra contra o terror como fez durante a Guerra Fria, já que os terroristas, ao contrário dos soviéticos, não se intimidam com o arsenal nuclear norte-americano. Esse "excesso de confiança" deriva de três questões principais: as motivações dos terroristas podem ter por base fantasias religiosas em vez de a busca de poder convencional; é difícil controlar os seus líderes; e, por fim, sua força não está necessariamente ligada a de um país em particular. Por outro lado, a ameaça nuclear também não detém os Estados Unidos, porque o país está livre para persegui-los e destruir suas redes. Esse cenário pode até mudar à medida que a guerra se desenvolve, mas qualquer novo conceito de conter a ameaça terrorista deve incluir ataques vigorosos, persistentes e diretos contra as organizações terroristas.

Por todas estas razões, faríamos bem em chamar a grande estratégia norte-americana na guerra contra o terror de "contenção avançada". O termo incluiria uma versão da tripla contenção, com a qual os EUA derrotaram o comunismo e a União Soviética, mas envolveria também uma presença bem mais intensa dos Estados Unidos e uma propensão bem maior de se lutar contra os inimigos em seu próprio território. Com medidas políticas e militares, os norte-americanos buscariam conter o perigo representado pelos terroristas enfraquecendo suas organizações, cortando seus laços com governos e impedindo seu acesso às armas de destruição em massa. Além disso, os EUA tentariam impedir a influência da ideologia terrorista e conteriam a expansão e consolidação do poder estatal daqueles que adotam esta ideologia – ou seja, resistir a todos os esforços de estabelecer governos fundados nestes princípios em qualquer parte do mundo –, de forma pacífica se possível, mas, se necessário, com o uso da força. Com o tempo – ao desprover os terroristas de vitórias reais, ao manter suas organizações fracas, divididas e na defensiva e ao construir sociedades saudáveis no mundo muçulmano e em outros lugares, capazes de resistir às persuasões dos inimigos, os Estados Unidos desproveriam este movimento do oxigênio necessário à sobrevivência. Assim, o estilo de ódio identificado em Bin Laden será visto como um dos becos sem saída da história e sobreviverá, se realmente sobreviver, entre isoladas comunidades de misantropos marginais, impotentes e indispostos que podem odiar, mas não ousam e nem mesmo se importam em agir com base neste sentimento.

Até hoje, a maior parte da guerra contra o terror envolveu somente o primeiro tipo de contenção: reduzir o perigo imediato deste movimento contra os Estados Unidos, e seus cidadãos e interesses no exterior. Perseguir agressivamente os remanescentes da Al-Qaeda no Afeganistão, aprimorar cada vez mais a capacidade norte-americana de impedir o fluxo de financiamentos, interceptá-los de seus defensores, perseguir e capturar os líderes ainda soltos, construir redes de inteligência mais eficientes contra a ameaça que apresentam, restaurar o respeito pela capacidade dos Estados Unidos e pela sua disposição de retaliar com uma força esmagadora contra ataques: tudo isso já é parte da guerra contra o terror e estes esforços vão permanecer e aumentar. Os ataques de 11 de Setembro acrescentaram uma nova urgência aos esforços para impedir a proliferação e conter os perigos representados pela disponibilidade de armas nucleares e materiais para a fabricação de bombas radioativas nos mercados negros mundiais. Embora o alvo da perseguição norte-americana, em cooperação com aliados na Europa, no Sudeste da Ásia e em outros lugares do mundo, seja a Al-Qaeda e os outros movimentos agressivos internacionais, os Estados Unidos também estão aprimorando e melhorando as próprias defesas internas e a segurança de alvos estratégicos no exterior, tal como embaixadas e instalações militares. É certo que a estratégia defensiva nunca pode ser completamente efetiva contra terroristas, que podem escolher seus alvos e o momento certo de agir, mas uma combinação de uma defesa mais forte com métodos proativos para abalar atividades e para reduzir o acesso aos tipos mais perigosos de armas pode reduzir de modo significativo sua capacidade de causar danos.

O outro aspecto vital deste tipo de contenção é cortar as ligações entre governos e grupos terroristas. Durante a Guerra Fria, a sociedade internacional fingiu não enxergar as práticas de alguns Estados que tinham ligações com grupos terroristas. Países como a Alemanha Oriental e a Síria abrigavam de forma clara e aberta terroristas e, em muitos casos, havia elos fortes entre seus serviços de segurança e estes grupos. O conflito árabe-israelense também proporcionou um espaço a alguns Estados para legitimar esta prática; o apoio aos grupos palestinos, mesmo aqueles que usavam ataques contra civis inocentes como tática principal, se tornou normal em muitas partes do mundo.

O colapso da União Soviética acabou com o patrocínio ou com a associação de Estados europeus a grupos terroristas, mas no Oriente Médio, a prática ainda persiste. Este comportamento deve cessar, já que não é mais tolerável em uma época de terrorismo em massa. Países que permitem o abrigo de campos terroristas ou mesmo escritórios de representação em seus territórios e que, conscientemente, deixam seus sistemas financeiros serem usados para transferir e manter recursos para grupos terroristas, estão cometendo atos de guerra contra a civilização. Assim como os governos que oferecem recompensas a famílias de homens-bomba também cometem um ato de guerra. Quando cidadãos norte-americanos morrem por causa dessas ações, o governo dos Estados Unidos tem o direito e a responsabilidade de reagir. (Isso não significa uma reação estúpida, contraproducente ou indiscriminada; os norte-americanos têm o direito de escolher suas próprias reações e o próprio tempo de reagir, mas esses atos não podem ser ignorados.)

Também será necessário acabar com falsos subterfúgios de traçar distinções artificiais entre o financiamento "civil" e "militar" de grupos terroristas. Governos que fornecem fundos aos braços civis de grupos terroristas assassinos se tornam cúmplices dos atos destes grupos; instituições financeiras que não conseguem exercer uma vigilância própria para garantir que suas instalações não sejam usadas para transferir dinheiro para criminosos, provavelmente enfrentarão penalidades civis e criminosas, assim como litígios devastadores das famílias dos que foram mortos pelos grupos que financiaram. Tudo isso será realidade à medida que os mecanismos de campanhas antiterror estiverem mais firmes e completamente estabelecidos.

Com o desenvolvimento dessa luta, será necessário provavelmente trazer esse princípio várias vezes para o cenário central da política internacional. Com o passar do tempo, o objetivo dos Estados Unidos deveria ser a criação de um forte consenso internacional de que proteger e apoiar o terror é algo inaceitável. À medida que isso aconteça, as sanções e a coerção coletiva serão capazes de substituir a diplomacia unilateral impulsionada pelas ameaças. O apoio das Nações Unidas ajudou a forçar a Líbia a acabar com o terrorismo estatal e a compensar suas vítimas. Governos que apoiarem terroristas no futuro, devem estar conscientes de que tal prática poderá levar à retaliação militar e à prisão ou execução dos seus funcionários responsáveis.

Esse problema certamente enredará os Estados Unidos nas contradições do sistema internacional. O princípio que os norte-americanos procurarão estabelecer e impor – impedir que os Estados apóiem aqueles que tentam assassinar cidadãos de outros países – é um elemento fundamental de qualquer sistema sério do direito internacional. Ao mesmo tempo, é improvável que algo além do exercício do poder norte-americano, algumas vezes unilateral, seja capaz de tornar tal lei efetiva. É impossível para os EUA escapar desse paradoxo; os partidos do paraíso e do inferno podem se unir contra os Estados Unidos, mas mesmo assim os EUA devem se esforçar ao máximo para preservar o conceito de direito internacional e defender a ordem básica que, por si só, torna expressivos conceitos como o do direito internacional.

■

DOS ANOS 1940 AOS 1960, o poder ideológico do comunismo era, de certa forma, mais perigoso que a força militar da União Soviética – as idéias de Marx, em vez dos exércitos soviéticos, marchavam pela Europa Ocidental, China, América Latina e pelo Sudeste da Ásia. Caso o Ocidente tivesse perdido a Guerra Fria, o motivo teria sido a derrota de valores das democracias capitalistas perante a ideologia comunista. A segunda dimensão da tripla política de contenção norte-americana abordará a contenção das idéias dos terroristas.

Incidentalmente, isso envolve a escolha de um nome melhor para o que os Estados Unidos se opõe. O “islamicismo”, além de ser um termo feio, reconhece indiretamente a ideologia de Bin Laden como uma forma legítima do Islã. Não chamamos a ideologia integralista católica daqueles que apoiavam Francisco Franco de "cristinianicismo". Não chamamos a ala lunática do movimento sionista de "judaicismo". Concordo com a análise de Paul Berman em seu livro *Terror and Liberalism* [*Terror e liberalismo*] que os inimigos norte-americanos são fascistas. O "fascismo árabe" é uma ideologia totalitária inspirada por uma visão mitologizada do passado. Não atrai somente os árabes, mas todos que consideram as primeiras guerras islâmicas de religião a conquista de uma idade de ouro e visam restaurar à força do passado não só no Islã, mas em todo o mundo.

Tanto o fascismo árabe quanto o europeu do século XX surgem em duas formas: secular e religiosa. Alguns dos movimentos fascistas europeus, principalmente em Portugal, na França e na Espanha estavam ligados a partes da Igreja Católica. Outros, como os nazistas, eram anticristãos, seculares ou neopagãos. Do mesmo modo, as ideologias totalitárias que agora atormentam o mundo muçulmano incluem fascismos seculares, como o do Partido Baath no Iraque, e fascismos religiosos como o de Osama bin Laden. Ambos os movimentos acreditam que é preciso subordinar os direitos e a consciência dos indivíduos e eliminar a independência da sociedade civil a favor de uma política totalitária capaz de restaurar as glórias exageradas de um passado romantizado. Ambos os movimentos também não reconhecem os limites ao direito de seus líderes de controlar seus seguidores a fim de realizar a violência fora da lei contra civis inocentes. Na história européia, o branco sempre foi a cor dos movimentos totalitários, que reivindicam algum tipo de alinhamento com a religião tradicional – as pessoas muitas vezes comentavam sobre um Terror Branco em oposição ao Terror Vermelho dos jacobinos e comunistas. Adaptando esta linguagem ao Oriente Médio, é possível se referir ao fascismo de grupos como a Al-Qaeda como sendo o "fascismo branco"; já a expressão "fascismo negro" pode ser usada para o fascismo secular de líderes como Saddam Hussein. Ambas as formas de fascismo são inimigos mortais da liberdade e da paz, portanto os Estados Unidos e seus aliados deveriam se opor a ambos. Porém, a essência da atual batalha no Oriente Médio é a luta contra o fascismo branco dos fanáticos da Al-Qaeda, não o negro dos baathistas radicais.

Os Estados Unidos devem pressionar ainda mais os fascistas brancos no Oriente Médio e em outros lugares, para que fiquem isolados e divididos politicamente, até que sua capacidade organizacional de prejudicar o resto do mundo esteja destruída. Isso pode ser chamado de "contenção política". Para realizar isso, efetivamente, será preciso revisar e redirecionar algumas das armas ideológicas desenvolvidas pelos Estados Unidos na Guerra Fria contra os comunistas. Assim como há diferenças entre comunistas e democratas sociais de esquerda, é preciso distinguir melhor o fascismo branco do Islã conservador. Há razões legítimas para muçulmanos e conservadores religiosos se oporem às políticas norte-americanas no Oriente Médio e em outros lugares. É perfeitamente compreensível que nem todos no mundo islâmico receberiam bem a invasão de padrões ocidentais de se vestir, de relações de gênero e de outras formas de mudança social. É possível entender que pessoas moderadas têm pontos de vista diferentes sobre o que é certo e errado na disputa entre palestinos e israelenses. Os Estados Unidos podem e deveriam aceitar que aqueles que se opõem a certos aspectos da presença norte-americana e a suas políticas no mundo podem ser seus oponentes, mas não necessariamente seus inimigos. De fato, os EUA devem e podem se unir aos muçulmanos verdadeiros contra o inimigo fascista em comum. Se nem mesmo a família real da Casa de Saud se encaixa nos padrões dos fascistas brancos, outros milhões de muçulmanos, bastante conservadores e religiosos, também não concordam com as exigências fanáticas dos seguidores de Bin Laden. Os socialistas democratas foram alguns dos aliados norte-americanos mais valiosos na campanha contra o comunismo; construindo pontes em direção aos conservadores assim como correntes mais progressivas dentro do Islã serão, provavelmente, suporte da reação norte-americana, que será estruturada no contexto da guerra contra o terror. (Os Estados Unidos também devem procurar separar os movimentos nacionalistas legítimos e saudáveis no mundo árabe da fumaça tóxica do fascismo negro.)

Por mais que o percurso seja lento e cheio de obstáculos, os norte-americanos também devem caminhar em direção a um compromisso intelectual, moral e espiritual mais efetivo com o mundo islâmico. Grande parte dessa disposição não virá do governo, mas de esforços independentes e sem controle da parte de cidadãos, grupos religiosos, fundações, universidades e outras instituições. É muito provável que os norte-americanos (em conjunto com os europeus e muitos outros) passem a promover uma abertura intelectual e cultural no Oriente Médio ao produzir mais empregos disponíveis na área de tradução. Os norte-americanos intensificarão as ligações acadêmicas e ajudarão estudantes com potencial no Oriente Médio a construírem carreiras internacionais. Há quase dois séculos, os Estados Unidos têm promovido a educação, principalmente a das mulheres no Oriente Médio; esta tradição tende a ser revitalizada e ressaltada. Também é provável que as idéias e valores islâmicos recebam mais atenção no Ocidente, assim como os antecedentes históricos do fascismo árabe. Os norte-americanos terão de estudar as críticas e os trabalhos dos novos fascistas como já fizeram com Stálin, Lênin e Marx. Diferente dos objetivos dos Estados Unidos ao investir no estudo e na valorização das riquezas intelectuais e espirituais do autêntico Islã, os norte-americanos não estudarão o fascismo por causa do insensato propósito de apreciar a beleza e a riqueza espiritual destes documentos ou de celebrar a diversidade daqueles que os querem mortos, mas para derrotar o fascismo e o terror.

É provável que a maioria dos norte-americanos e dos muçulmanos tenham uma percepção exagerada das diferenças políticas e filosóficas existentes entre ambos os povos. No mundo muçulmano, o conceito de Estado secular se formou no contexto da imposição de Kemal Atatürk[2] e dos não tão bem-sucedidos imitadores árabes do modelo de igreja e de Estado desenvolvido, primeiramente, na Revolução Francesa. Segundo a tradição jacobina, o Estado é hostil à expressão pública da crença religiosa e busca limitar a influência da religião na esfera pública. Manifestações externas de compromissos religiosos – véus usados por estudantes na Turquia e na França, freiras e padres com roupas eclesiásticas no México revolucionário – são vistos com desdém por Estados agressivamente seculares, que identificaram uma cultura fervorosa de religião popular como uma fonte potencial de poder hostil e rival ao Estado da lei. Há uma tentativa rigorosa de confinar a influência da religião à esfera privada e introduzir e respeitar códigos civis arraigados no direito romano e não em sentimentos religiosos ou em hábitos históricos do povo.

Neste contexto, é possível entender a reação ao secularismo como uma resistência compreensível e mesmo louvável contra os ataques hostis dos Estados modernizadores inspirados no modelo da França jacobina à religião. O sistema norte-americano, o qual permite e mesmo incentiva as pessoas a agirem com base em suas crenças religiosas na esfera pública e no qual o Estado preocupa-se mais em apoiar a livre expressão da religião do que em se curvar à atividade e ao poder religioso, não faz parte da experiência histórica do mundo muçulmano. Copiar de modo servil o modelo norte-americano não é uma resposta ao verdadeiro dilema dos povos muçulmanos, uma vez que eles se esforçam para reconciliar as instituições políticas com sua fé religiosa; mas as idéias norte-americanas sobre uma religião livre num Estado livre são um potencial ponto de contato entre as sociedades e há mais similaridades entre as políticas religiosas dos primeiros califas e do povo norte-americano do que em geral são percebidas.

Ainda é muito cedo para se saber o quanto um estudo maior e mais compreensivo de ambas as partes do mundo sobre o outro pode contribuir para a identificação de novos pontos de contato, assim como esclarecer as divergências reais. A diferença entre o cristianismo norte-americano contemporâneo e o cristianismo da era de Maomé se desenvolveu porque os cristãos norte-americanos e seus antepassados passaram a aceitar elementos importantes da crítica islâmica ao cristianismo bizantino da época do Profeta. Se analisarmos a vida atual da maioria dos cristãos norte-americanos, observamos um desprezo por uma especulação teológica superficial e um compromisso com trabalhos práticos de caridade e submissão a Deus de uma forma que agradaria Maomé e seus primeiros seguidores. Até mesmo os norte-americanos que fazem parte de igrejas com hierarquias religiosas consideram seus padres como professores, mas não como uma casta de seres humanos com autoridade especial sobre os seus rebanhos – mais uma vez, uma crítica feita pelos primeiros muçulmanos ao cristianismo, que conheceram originalmente. Os cristãos pouco a pouco sujeitaram seus textos sagrados e as vidas legendárias dos santos à investigação crítica, já os primeiros muçulmanos submeteram os documentos às supostas palavras de Maomé. Embora a crença trinitária de cristãos norte-americanos contemporâneos seja algo que nenhum muçulmano pode aceitar, ela está culturalmente mais longe do politeísmo pagão que, segundo muitos acadêmicos muçulmanos, corrompeu o monoteísmo dos cristãos dos anos iniciais. O conceito de tolerância religiosa – e a obrigação do Estado de proteger pessoas de várias fés – é um conceito que o Islã desenvolveu bem antes do cristianismo e está associado a outra crença, uma contribuição ainda mais intensa do islamismo à fé de Abraão: a idéia de que Deus fala por meio de muitas religiões, e que todas as formas de revelação profética de Deus têm o direito de ser respeitadas.

O medo de que a ascensão de formas mais conservadoras e evangélicas de cristianismo, nos Estados Unidos, precipitará uma guerra de civilizações parece um tanto excessivo. O movimento religioso protestante evangélico, que fez tanto progresso nos Estados Unidos nas últimas décadas, está muito mais flexível do que muitos secularistas e liberais religiosos estão preparados para reconhecer. Por exemplo, a relação próxima entre judeus e cristãos conservadores na política norte-americana é um sinal desta flexibilidade; assim como a cooperação e associação entre protestantes e católicos conservadores no movimento de direito à vida e em outras questões. Os liberais podem até considerar este cenário o ecumenismo do inferno, mas é poderoso e real. Somente na última geração, o ecumenismo conservador apareceu na vida norte-americana. Há uma real possibilidade de que cristãos e muçulmanos conservadores também encontrem novos pontos de contato. De qualquer forma, a direção histórica da religião nos Estados Unidos tem sido manter sua ênfase centrada em Cristo com relação ao renascimento e à salvação, ao mesmo tempo em que tenta superar o preconceito étnico e religioso. Não há razão para supor que as relações com o Islã não seguirão este padrão.

Um diálogo mais rico e autêntico sobre as civilizações pode aumentar a lista de pontos de contato entre vidas espirituais e preocupações de cristãos e muçulmanos no mundo de hoje. Chegar a este ponto de entendimento e respeito contribuirá para isolar os fascistas fanáticos no Oriente Médio – e reduzir as tensões políticas, principalmente entre cristãos do Ocidente e o mundo muçulmano, já que contribuirá, em parte, para tornar o mundo cristão mais sensível às opiniões e preocupações islâmicas.

A luta política da Guerra Fria contra o comunismo, principalmente em seu período inicial, desafiou a sociedade norte-americana e o resto do Ocidente com o objetivo de implementar seus valores de modo mais completo no mundo. A propaganda comunista acentuou o racismo norte-americano, e o efeito político desta propaganda no mundo em desenvolvimento foi um dos fatores que impulsionou a sociedade norte-americana, durante a Guerra Fria, a lutar contra este legado arruinado derivado de um passado infeliz. Ou seja, a sociedade capitalista aceitou o desafio de provar ao mundo que é mais eficiente que o comunismo no que diz respeito a melhorar a vida de trabalhadores e aprimorar a dos pobres.

Os Estados Unidos tendem a achar que a luta contra o fascismo branco trará desafios morais similares, aos quais os norte-americanos devem se erguer. As propagandas de que o Ocidente perdeu contato com suas raízes espirituais e de que a sua população dedica as vidas ao desperdício e a uma busca amoral pelo prazer, ou de que suas sociedades são impessoais e indiferentes e os norte-americanos negligenciam brutalmente a infelicidade em outros países mais pobres ou de que a exploração da mulher continua sob a máscara de uma filosofia de liberação pessoal: todas essas campanhas são tão injustas e falsas quanto tudo usado pelos comunistas contra os EUA, mas como grande parte da propaganda comunista, têm também uma certa coerência. Como parte da grande estratégia norte-americana de isolar e conter o fascismo árabe, os Estados Unidos deveriam agir de modo a tornar essas acusações menos plausíveis no futuro. Inevitavelmente, isso incentivará muitos norte-americanos a renovar seus compromissos com a fé pessoal e a levar os ideais sociais e morais de origem religiosa mais em consideração ao conduzir seu dia-a-dia e ao fazer as avaliações de políticos e de idéias políticas.

É PRECISO ABORDAR O CONFLITO israelense-palestino para que a segunda parte de nossa estratégia de contenção seja bem-sucedida. Poucas questões na política mundial tiveram tanta proeminência e renderam tão pouco consenso em seus debates.

Muitos observadores acreditam que a melhor forma de conter o fascismo árabe e relegá-lo aos loucos é excluir a justa causa de grande parte da ira árabe: o excessivo e unilateral apoio norte-americano a Israel. Nesse sentido, lidar com grupos terroristas individuais é o mesmo que atacar as manifestações superficiais do problema norte-americano no Oriente Médio. Os Estados Unidos precisam, primeiro, lidar com as "causas básicas" da tensão existente na região e, uma vez isso feito, os outros problemas estarão sob um controle mais efetivo. O apoio norte-americano à segurança israelense pode até ser aceitável, mas outros acrescentam que o fracasso dos Estados Unidos de pressionar Israel com relação à política de construção de assentamentos nos territórios ocupados e de segurança é uma das causas principais do antiamericanismo, cuja a expressão mais cruel e decisiva são os ataques terroristas a alvos norte-americanos.

As políticas de Ariel Sharon exacerbaram o conflito e o governo Bush não conseguiu controlar Israel. No entanto, os críticos europeus do claro fracasso norte-americano ao tentar lidar com as "causas básicas" no Oriente Médio deveriam se lembrar que o anti-semitismo e o imperialismo europeu são umas das razões fundamentais da maioria dos problemas da região. A Europa perseguiu os judeus durante séculos, chegando ao clímax com seus horrores orgíacos do Holocausto nazista.

Nesse meio tempo, os impérios europeus dividiram o Oriente Médio árabe entre si, impondo graves humilhações à sociedade local. Além disso, designaram terras árabes na Palestina para os judeus europeus desesperados recolonizarem. E, hoje, a Europa instrui os dois lados sobre a necessidade de paciência e moderação – enquanto critica os esforços dos norte-americanos de arrumar outra desordem deixada pelo imperialismo europeu.

É preciso esperar que os futuros governos israelenses demonstrem mais criatividade e assumam mais riscos pela paz do que as sucessivas gestões fizeram até agora; os norte-americanos também devem assumir a responsabilidade pelas falhas do governo Bush ao não se envolver de modo mais construtivo. No entanto, quando se refere ao Oriente Médio, os Estados Unidos acreditam que os europeus já fizeram o suficiente neste campo e que o melhor que a Europa pode fazer pela questão judaica, como ela costumava ser chamada, é deixá-la de lado.

A pressa com a qual tantos europeus correm para proclamar sua superioridade moral em relação a Israel e comparar todo ato controverso das forças armadas israelenses às ações de tropas nazistas é, para os norte-americanos, uma das características menos agradáveis de alguns dos seus aliados da Otan. Não acredito que esta tendência seja, como alguns alegam, simplesmente a mais nova forma de anti-semitismo europeu, mas, definitivamente, não é ingênua, atraente nem justa.

Mas vamos ignorar estas inúteis recriminações e observar o que os Estados Unidos podem e devem fazer, sozinhos e com seus aliados.

De fato, um acordo pacífico entre palestinos e israelenses amplamente aceito como justo e definitivo no mundo árabe melhoraria bastante a segurança e a situação política no Oriente Médio, e simplificaria bastante a tarefa de lidar com o fascismo árabe. No entanto, também é verdade que tal acordo de paz não será tão logo alcançado.

Embora uma minoria em Israel esteja ideologicamente comprometida com a "Grande Israel" esquematizada no Deuteronômio, e poderosos interesses israelenses apóiem a anexação de partes relevantes da Cisjordânia, a maioria dos israelenses quer a paz. Diante de uma confiável oferta palestina, com base nas linhas do acordo pré-1967 de cessar fogo, com ajustes secundários, a opinião pública israelense certamente concordaria com os compromissos políticos e territoriais necessários.

A equação palestina é mais complexa. Muitos palestinos, talvez a maioria, estão prontos para lidar com Israel com base neste compromisso fundamentado em dois Estados, mas os moderados enfrentam a resistência de muitos palestinos, que argumentam o ganho de poucos benefícios em troca de uma paz comum. Um próspero fazendeiro de olivas tem mais a ganhar com a paz do que famílias apinhadas nas misérias dos campos. Refugiados desprovidos dos bens básicos (inclusive 2,5 milhões na Jordânia, no Líbano e na Síria) têm pouco incentivo para aceitar um acordo de paz, que não garante a eles um direito de retorno nem oferece qualquer compensação.[3] Oponentes radicais da paz podem mobilizar defensores marginalizados e alienados, além de forçar os moderados a pagar um alto preço por apoiar planos de paz considerados insuficientes. Sem um Estado em funcionamento e sem um processo político democrático real, é tão difícil medir o sentimento público entre os palestinos quanto os elementos pró-paz da liderança imporem um acordo impopular.

Os falcões israelenses, alguns dos quais têm interesses pessoais num confronto contínuo, podem argumentar que os "palestinos de rua" ainda não estão e talvez nunca estejam prontos para a paz. Diante de um acordo territorial, cuja o formato atual oferece muito pouco ou nada à maioria dos palestinos, e da opinião pública que, ao longo dos anos de conflito e ocupação, se tornou bastante ressentida, estes argumentos simplesmente não podem ser rejeitados.

Portanto, os Estados Unidos enfrentam um dilema. O partido palestino em prol da paz não pode proporcionar confiança à sociedade palestina a não ser que o acordo ofereça benefícios concretos para a maioria esmagadora dos palestinos deslocados, mas, como não existe um partido em prol da paz em Israel se o preço for o retorno de milhões de palestinos, a paz permanecerá tentadoramente fora de alcance.

Numa situação em que nenhum dos partidos quer aceitar qualquer das soluções possíveis, há muito pouco que um poder externo possa fazer para impor um acordo. Muitos sugerem que os Estados Unidos deveriam esquematizar uma solução e, em seguida, enviar funcionários de manutenção da paz para impô-la.

Em algum momento, é possível que tal solução se torne viável, mas é improvável que essa medida consiga reduzir o antiamericanismo no Oriente Médio, nos próximos anos. Qualquer acordo próximo às exigências dos palestinos, ou mesmo imposto pelos norte-americanos (ou inclusive pelos europeus), ainda não conseguiu satisfazer as exigências de um grupo significativo de palestinos. Com isso, as forças de manutenção da paz certamente continuariam sendo alvos dos ataques de homens bombas e de outros terroristas. As medidas necessárias para proteger os funcionários responsáveis pela manutenção da paz seriam, inevitavelmente, consideradas por muitos palestinos e por seus defensores no mundo árabe mais uma provocação de um Estados Unidos assertivamente controlado pela ameaça sionista. Com certeza, ter tropas norte-americanas impondo cessar fogos, procurando armas, operando postos de controle militares na Cisjordânia e atirando, de tempos em tempos, em inocentes durante os combates pode não ser a melhor forma de melhorar a imagem pública dos Estados Unidos no mundo árabe.

Dessa forma, provavelmente, os norte-americanos alcançariam um acordo que terroristas de ambos os lados se oporiam, e, em seguida, as tropas dos Estados Unidos seriam bombardeadas e atingidas por ambos os lados, como os britânicos em 1940. Esta não parece ser uma fórmula para reduzir as tensões na região, nem uma política que um presidente norte-americano possa vender para o país.

Isso deixa os Estados Unidos bastante impotentes. É uma pena o processo de paz de Oslo ter se fragmentado, quando o governo Clinton estava em declínio, e tem sido bem difícil conseguir um acordo substituto na atmosfera contaminada que o fracasso de Oslo deixou para trás. Com tempo e paciência, a diplomacia pode conseguir algum progresso neste ponto, e, com sorte e habilidade, os norte-americanos podem esperar consertar o pior dos estragos.

Além disso, já é o momento dos Estados Unidos se preocuparem de modo muito mais direto com o Estado dos palestinos. Até o momento, o processo de paz se concentrou, principalmente, com o futuro do território. O destino do povo afetado pela disputa e, em particular, o de palestinos deslocados não foi abordado com objetividade.

Essa postura precisa mudar. Não é absurdo que a opinião pública palestina resista às propostas que não esbocem claramente um caminho viável para a paz, a dignidade e a segurança do povo palestino. Discussões sobre a recolonização da Cisjordânia e da ajuda dos países ricos para o desenvolvimento são ótimas, mas os palestinos comuns têm todo o direito de duvidar se tais conversas levarão realmente a uma ajuda real e efetiva. Uma vez que a guerra esteja terminada e a paz reine, muitos países ocidentais podem ignorar suas promessas de contribuir com o novo Estado palestino. Mesmo que não se esqueçam, a experiência da ajuda externa no mundo não sugere que cidadãos comuns colham grandes benefícios de transferências estatais. Os Estados Unidos enviaram ao

Egito bilhões de dólares em ajuda externa, mas a pobreza no país ainda é bem alta.

Para muitos palestinos ainda há outro fator a ser considerado: o futuro da ajuda aos refugiados. Supostamente, uma vez que haja um tratado de paz e todos os refugiados retornem para seus "lares" em Gaza e na Cisjordânia, muitas nações doadoras pensarão que chegou o momento de interromper o envio de milhões de dólares direcionados aos refugiados. Parte da doação, sem dúvida, seria transformada em ajuda externa e desapareceria no lamaçal da corrupção e da incompetência, como já ocorreu com a recém-desenvolvida burocracia palestina. Mas, se não há mais refugiados, certamente, esta ajuda, em algum momento, deve terminar.

Sem terra, sem dinheiro, sem futuro: muitos palestinos poderiam ser desculpados por achar que isso é o que a "paz" nos termos atuais proporcionaria.

Visto que Barak[4] já fez o máximo de concessões ao oferecer um compromisso territorial, o processo de paz precisa focar na preparação de um futuro significativamente melhor para uma população palestina, que já sofreu três gerações de deslocamento e pobreza. Parte desse acordo deverá envolver uma discussão muito mais séria e focada na compensação do que todos os outros planos já apresentados.

As resoluções da ONU sempre propuseram a compensação justa como alternativa para os palestinos, que por várias razões serão incapazes de voltar aos seus lares e propriedades. É o momento de começar a transformar essas palavras vazias numa possibilidade real por meio de um tratado de paz entre Israel e a Palestina capaz de proporcionar benefícios e uma justiça substancial e concreta à maioria esmagadora da população palestina.

Isso custará bastante dinheiro. Desde 1945, os sobreviventes do Holocausto e seus herdeiros já receberam em torno de 50 a 100 bilhões de dólares; graças em parte à inflação, é improvável que a compensação justa aos palestinos e outros custos associados sejam muito mais baratos. Um dinheiro adicional ainda terá de ser angariado para ajudar os árabes e outros países pobres que aceitem receber refugiados palestinos como imigrantes e cidadãos. Também é justo pagar compensações aos milhões de judeus que escaparam ou foram forçados a fugir de suas casas no mundo árabe em função do aumento da violência e do sentimento antijudaico durante os anos de luta.

Os Estados Unidos podem e devem assumir a liderança e propor uma comissão internacional que permita aos palestinos (e aos israelenses deslocados) se certificarem de suas reivindicações pela compensação. Além disso, os norte-americanos devem incentivar os países a se comprometerem a juntar dinheiro para formar um fundo que pagará estas indenizaçõs uma vez que Israel e a Palestina estejam em paz. Essa quantia deve ir para os indivíduos e não para organizações estatais, de caridades em massa nem outros intermediários. É uma compensação individual, a qual deve ser paga aos requerentes. Os palestinos não precisarão provar, nem os israelenses reconhecer, transgressões para estarem autorizados a receber.

A contribuição norte-americana deve ser uma soma substancial, considerável e inspiradora. Os Estados Unidos não precisarão pagar coisa alguma até que haja um verdadeiro tratado de paz e, neste caso, por mais alto que seja o preço, valerá a pena.

Os aliados europeus dos Estados Unidos são capazes e devem estar dispostos a assumir uma parte importante do fardo. O Japão se preocupa em ver a paz estabelecida na região e também pode ajudar. Os Estados do Golfo devem mostrar sua generosidade, uma vez que poderão aumentar a própria segurança, além de conseguir ajuda financeira para minimizar o sofrimento de seus compatriotas árabes e religiosos. Corporações particulares que desejem valorizar a sua imagem no Oriente Médio talvez também achem conveniente ressaltar sua preocupação com o direito dos palestinos. Israel deve certamente fazer uma contribuição importante; parte disso será o valor da devolução aos palestinos da infra-estrutura na Cisjordânia, quando os israelenses deixarem o território. Visto que judeus deslocados, assim como árabes, receberão uma justa compensação e que esta certificação de reivindicações não requer que Israel reconheça atos específicos de transgressão, a maioria dos israelenses deve aceitar este aspecto de um compreensível pacote com medidas de paz.

Há outras medidas que podem ser tomadas para melhorar a situação dos refugiados palestinos e para aprimorar a forma de lidar com os problemas de uma população cada vez mais desesperada, ressentida e não-qualificada, tanto nos territórios ocupados quanto nos países vizinhos. Se os Estados Unidos não são capazes de resolver a questão política entre israelenses e palestinos, os norte-americanos podem, no mínimo, encontrar meios de ajudar palestinos e suas famílias a construir vidas mais estáveis e melhores. Estas pessoas não deveriam ser forçadas a manter suas vidas em suspenso por várias gerações, incapazes de mudar suas condições, até que o objetivo evasivo de um acordo final para esta complexa disputa seja alcançado. Além disso, os norte-americanos podem ajudá-los a deixar o decadente sistema de campo de refugiados para construir vidas novas em outras partes do mundo árabe e não-árabe.

É certo que nada disso terminará com a disputa israelense-palestina no futuro próximo ou tornará os Estados Unidos o país favorito dos nacionalistas palestinos. A sociedade palestina foi profundamente ferida – por meio da desapropriação, de várias gerações vivendo em campos de refugiados, da violência, da ocupação, da propaganda fanática – e, infelizmente, não há como implementar do dia para a noite um pacote de soluções para esta complexa tragédia humana. Mas há formas de ultrapassar impasses atuais e, com sorte, criar um clima que aos poucos se tornará mais propício ao estabelecimento de uma paz verdadeira e duradoura.

Os Estados Unidos estão comprometidos com a sobrevivência de Israel dentro de fronteiras seguras e defensáveis; isso não significa que os norte-americanos são ou devem ser indiferentes ao sofrimento dos palestinos. Seria bom para todos os lados envolvidos (Estados Unidos, Israel e palestinos) que os Estados Unidos assumissem a liderança notável e se esforçassem para melhorar a vida do povo palestino. Se os EUA levam a sério o futuro do Oriente Médio, este é um problema que o país deve enfrentar.

■

O TERCEIRO E ÚLTIMO ELEMENTO do tipo de estratégia de contenção que os Estados Unidos poderiam adotar tem raízes nas estratégias norte-americanas da Guerra Fria. É uma estratégia simples, porém, sob certas condições, pode se tornar custosa e difícil – mas muito necessária – de se implementar.

Assim como os EUA resistiram aos esforços dos soviéticos de espalhar o comunismo, o objetivo agora deve ser impedir o fascismo árabe e os movimentos relacionados de estabelecer o controle político sobre outros Estados no mundo. Os norte-americanos não têm objeção alguma nem oferecem qualquer oposição à pregação pacífica do Islã autêntico – inclusive, a influência diplomática dos Estados Unidos e seu poder militar estão, de tempos em tempos, prontos para apoiar as pessoas que exerçam seus direitos religiosos em paz –, mas o estabelecimento de governos fascistas por meio da força e da fraude é algo que os Estados Unidos devem resistir, mais uma vez, no mundo todo, e espera-se que com a ajuda de aliados dentro e fora do mundo muçulmano.

Algumas vezes, a situação pode se tornar mais complicada. Adolf Hitler foi apontado de modo legítimo como chanceler da República de Weimar. A legislação que estabeleceu sua ditadura foi aprovada no *Reichstag*.[5] No entanto, poucas pessoas hoje no mundo argumentariam com seriedade que os países não tinham o direito de lidar com o regime de Hitler até antes de 1939, quando a Polônia foi invadida.

É impossível prever como a luta política contra o fascismo árabe se desenvolverá no Oriente Médio e em outros locais. Mas, caso aconteça movimentos políticos que adquiram poder estatal, a possibilidade de os Estados Unidos se sentirem obrigados a se opor não pode ser excluída.

Os governos não podem ter ligações com movimentos terroristas; e estes últimos, a não ser que mudem suas tendências, não podem se tornar governos.

11

A RECONSTRUÇÃO DO PROJETO NORTE-AMERICANO

Em uma era de terrorismo em massa, lidar com a ameaça provocada por um fascismo árabe moralmente cruel, fanático e com táticas flexíveis e armas pesadas, que se opõe implacavelmente a tudo o que os Estados Unidos valorizam, será um difícil desafio. No entanto, este não será o único problema diante dos norte-americanos ao longo dos próximos anos. As relações políticas e econômicas, que sustentaram o sistema norte-americano durante a Guerra Fria e tanto contribuíram com o país na época do conflito, estão em um estado de desintegração avançada. De certa forma, os EUA perderam a capacidade e a disposição de manter firme o ideal da convergência harmônica de classes, povos e nações em um paraíso fordista. E, até este momento, nem o capitalismo do milênio nem a nova ênfase doméstica no excepcionalismo norte-americano, que molda a ideologia do renascimento, foram capazes de identificar um conceito atrativo suficiente para desenvolver no lugar dos valores fordistas.

A política externa norte-americana precisa focar nesta questão. Apesar da urgência, os Estados Unidos não devem transitar do grande otimismo da era do "fim da história", entre 1989 e 2001, para um pessimismo igualmente excessivo. O poder do país no mundo permanece estruturado em fundações bastante sólidas.

Ao se analisar a lista de pontos de interesse, que definiu o projeto norte-americano durante a maior parte do século XX, há razões concretas para acreditar que eles permanecem dentro do alcance dos Estados Unidos. A Europa não está próxima a se tornar uma superpotência rival e hostil – mesmo que alguns europeus torçam para que isso aconteça. De fato, é bem mais provável que a "velha Europa", "nova Europa" e os Estados Unidos definam uma conduta comum para o Oriente Médio, em que seja revigorada a parceria entre eles, em vez dos aliados em tempos de Guerra Fria se tornarem concorrentes e rivais.

Na Ásia, o equilíbrio das forças e dos interesses entre as nações asiáticas continua a favorecer o tipo de balança de poder apoiado, tradicionalmente, pelos Estados Unidos nesta região do mundo. À medida que se tornou mais forte e rica, a China também passou a valorizar mais a sua participação no tipo de sistema internacional que os norte-americanos esperam estabilizar na Ásia. Hoje, ciente do seu maior poder econômico e da sua complexidade diplomática, a China é capaz de alcançar grande parte de seus objetivos dentro da ordem elaborada pelos EUA. Enquanto o futuro permanecer profundamente incerto e crises em torno de questões como Taiwan poderem irromper a qualquer momento, os Estados Unidos e a China parecem, pela primeira vez, graças aos governos Clinton e Bush, estar bastante próximos de um consenso genuíno.

O desafio imposto pelo grande terror e pelo fascismo árabe no Oriente Médio é real – tanto para o tipo de ordem que os Estados Unidos precisam promover lá, quanto para a segurança do sistema internacional de comércio e investimento, que é um elemento vital do sistema mundial norte-americano. No entanto, os Estados Unidos parecem ter os recursos e a disposição necessários para conter e derrotar seus inimigos e, portanto, vencer esta luta. No fim das contas, Osama bin Laden, com toda sua vilania, pode ter feito um grande serviço em prol do poder norte-americano ao desafiá-lo a reexaminar antigas premissas e a se comprometer com o resto do mundo, no ambiente pós-Guerra Fria, de modo mais profundo e intencional.

É certo que nada na política internacional está 100% garantido, mas, no geral, o poder coercitivo dos Estados Unidos está, razoavelmente, adequado à defesa dos próprios interesses estratégicos norte-americanos no mundo. Tanto o poder militar vigoroso quanto o poder econômico pegajoso mantêm o bom funcionamento. Nesse contexto, a deficiência do serviço secreto norte-americano é, provavelmente, o ponto mais fraco do poder coercitivo. A recente atuação da inteligência norte-americana não demonstrou seguir os padrões ideais. Desde o declínio da União Soviética até as equivocadas declarações, em 2003, sobre os programas iraquianos de desenvolvimento de armas de destruição em massa, os Estados Unidos foram ofuscados por uma série de desenvolvimentos importantes. Muitos analistas concluíram que um melhor desempenho e cooperação entre a CIA e o FBI poderiam ter evitado os ataques de 11 de Setembro. Esta performance precisa ser aprimorada.

NO ENTANTO, SE POR UM LADO o poder coercitivo norte-americano funciona em boas condições, de outro o seu poder não-coercitivo apresenta dificuldades evidentes.

Há um paradoxo aqui. A transição para o capitalismo do milênio deu ao poder coercitivo norte-americano – tanto econômico quanto militar – um grande impulso. Antes da mudança, os Estados Unidos estavam preocupados, com razão, com os novos desafios impostos pela Europa e pelo Japão. À medida que os Estados Unidos exploravam a possibilidade de uma forma de capitalismo inovadora, mais dinâmica e competitiva, desenvolvida ao longo da década de 1980, foi possível constatar a facilidade com a qual a sociedade norte-americana soube lidar com o individualismo e com a desigualdade gerados pelo novo sistema. Dessa forma, a população, tranqüilamente, aceitou a dor da transição, permitindo, então, colher a recompensa. Tais vantagens são, em princípio, duráveis; apesar da maior parte do mundo ainda estar lutando para aceitar os contratempos da transição, os Estados Unidos estão bastante estáveis no segundo e terceiro estágios da transformação econômica. Comparavelmente, embora sem sentido claro, a vantagem econômica que os Estados Unidos dispõe hoje será semelhante ao tipo de liderança global que o próprio país assumiu no início do século XX, e que a Grã-Bretanha teve durante a maior parte do século XIX.

No entanto, o cenário atual é diverso daquele descrito acima: parece que a transformação socioeconômica está, gradualmente, desestabilizando ou, no mínimo, colocando novos desafios ao poder não-coercitivo norte-americano. Enquanto este modelo capitalista impulsiona mudanças, as quais alienam tanto os eleitorados de elite quanto a massa no mundo, e enquanto o sentimento nacionalista dos norte-americanos continuar a enfatizar os elementos excepcionais e únicos do caráter nacional em detrimento de valores universais, os Estados Unidos permanecerão lutando para se adequar às conseqüências da transição nas dimensões suave e hegemônica do poder norte-americano leve.

Vale ressaltar que este não é somente um problema de relacionamento da "velha Europa" ou do Oriente Médio com a liderança norte-americana. Na América Latina, no Sul, no Sudeste e no Leste da Ásia, e em grande parte da África, inclusive na África do Sul democrática, os Estados Unidos e seu sistema internacional são bem menos populares hoje do que quando o muro de Berlim caiu. É tentador – e não totalmente insano –, culpar as políticas controversas do governo Bush (em especial a invasão do Iraque) e sua diplomacia brusca, confusa e inepta, usada para enfrentar tais questões, mas, na maioria dos casos, as questões hoje problemáticas foram estabelecidas nos anos Clinton. Muito antes de George W. Bush começar a falar sobre o eixo do mal, a insatisfação diante da reação da administração Clinton à crise financeira asiática de 1997 indispôs a opinião pública por toda a Ásia Oriental. Já na América Latina, as reformas econômicas malsucedidas apoiadas tanto pelo primeiro presidente Bush quanto por Clinton também prejudicaram o apoio às políticas lideradas pelos Estados Unidos no Brasil e na Argentina. O fracasso do NAFTA ao tentar aumentar os rendimentos no México e o efeito devastador na agricultura camponesa foram falhas da política norte-americana dos anos 1990. O antiamericanismo, que o chanceler alemão Gerhard Schroeder pareceu estimular em sua campanha pela reeleição em 2002, não surgiu de repente do nada – as dificuldades econômicas que tornaram seu governo tão impopular eram em parte resultado da relutância e da incapacidade alemã de se adaptar às novas condições econômicas originadas nos Estados Unidos.

Os norte-americanos não devem minimizar o impacto das políticas e da retórica do governo Bush sobre o apoio global aos Estados Unidos. Muitas pesquisas de opinião internacional mostram uma redução significativa do apoio e da identificação com os Estados Unidos após 11 de setembro de 2001. Entretanto, o desgaste do poder não-coercitivo norte-americano já havia começado quando o World Trade Center foi atacado: é certo que o governo Bush foi arrojado ao dirigir o veículo contra um lago congelado, mas o gelo já estava derretendo. Ao analisar as possíveis formas de consertar a grande estratégia norte-americana e a síntese do poder coercitivo e não-coercitivo, os quais já foram tão benéficos para o país, muitos acreditam que desfazer as mudanças dos anos Bush pode levar o sistema ao ambiente mais calmo e pacífico dos "pós-históricos" anos 1990. Isso, temo, é apenas uma ilusão. As circunstâncias da política norte-americana, acentuadas pela reação pública ao 11 de Setembro e pelas mudanças na economia global já iniciadas quando o presidente Clinton prestou juramento, são os propulsores fundamentais da instabilidade e da transição do sistema mundial norte-americano – e não os equívocos dos anos Bush.

Apesar de concordar com aqueles que argumentam que um esforço mais concentrado e consistente para incentivar o apoio diplomático no exterior à política norte-americana na guerra contra o terror reduziria as tensões internacionais, já expliquei por que acredito que a opinião pública jacksoniana despertada nos Estados Unidos forçará gestões de ambos os partidos a investir em reações mais agressivas do que muitos dos aliados norte-americanos desejam. A alternativa política realista à vigorosa, às vezes, confusa e unilateral instauração da guerra contra o terror não é um compromisso limpo, disciplinado e mais multilateral de acordo com termos europeus. Para melhor ou pior, a opinião pública norte-americana não fornecerá nem os recursos financeiros nem o apoio político exigido pela política externa calculada e controlada, que uma elite liberal e tecnocrática gostaria de colocar em prática.

O sonho de atrasar o relógio na política econômica também é ilusório. Aqueles que tanto por razões nacionais ou internacionais gostariam que os Estados Unidos voltassem a uma economia política fordista e à convergência harmônica (que a acompanhava) podem sonhar, mas não são capazes de formular tal política. Fordistas nostálgicos adorariam reviver o Estado do bem-estar social, os mercados nacionais fechados, os mercados financeiros regulados de modo vigoroso e um papel maior do Estado na política e no planejamento econômico. Isso me parece tão impossível quanto indesejável. O terceiro quarto do século XX foi de muitas formas admirável, mas não acredito que este período represente o auge do potencial humano. Além disso, o mundo não é rico o suficiente e nem a pobreza é tão rara para que a raça humana se oponha aos métodos econômicos que, independentemente de suas complicações e conseqüências, sustentam a promessa de melhores padrões de vida ao longo do tempo.

Mais que isso, não acredito que o gênio do capitalismo do milênio possa ser empurrado de volta para dentro da garrafa fordista. A busca por mais eficiência, produtividade e dinamismo não é uma característica do capitalismo que possa ser ignorada; é a essência do capitalismo, não uma protuberância e, independente do que aconteça, sempre encontrará formas de se realizar. Esta busca corresponde ao desejo de cada ser humano e talvez de todo ser vivo de viver, crescer, descobrir, buscar a luz e cumprir o seu papel e propósito oculto. Não considero possível interromper esta busca pela luz, e eu não a interromperia se pudesse.

A tarefa norte-americana nos próximos anos, acredito, será diferente: construir uma nova versão do antigo sistema norte-americano, que além de ser compatível com a economia política do milênio, deverá garantir novo vigor e força. O capitalismo do milênio detém um enorme potencial de corresponder às necessidades e melhorar as vidas humanas – ao longo das últimas duas décadas, mais pessoas tiveram acesso às revoluções tecnológicas e industriais do que o público alcançado pela primeira revolução industrial em seu primeiro século.

Ajustar um sistema internacional efetivo a fim de garantir o seu bom funcionamento e o apoio mundial depende tanto da economia quanto da influência cultural, social e política. Sendo assim, certamente, mudanças ocorrerão no modo como o poder norte-americano atua e é percebido no novo sistema internacional. O capitalismo do milênio é uma forma de organização social muito mais descentralizada que o fordismo. A sociedade de massa norte-americana da metade do século se tornou cada vez mais atomizada e populista; as elites influenciam cada vez menos o que a maioria da população lê, vê ou pensa. À medida que a revolução do milênio se espalha pelo mundo, as mesmas transições são observadas. As elites internas dos Estados controlam cada vez menos o próprio processo político e, ao mesmo tempo, é mais difícil para qualquer país, até mesmo uma superpotência, controlar ou influenciar a política externa de outras nações.

Seja em democracias maduras como a Alemanha ou nas mais novas como o México e a Coréia do Sul, o ativismo de base, o antiautoritarismo e a descentralização, que acompanham a passagem do fordismo para o milenismo, tornam o ato de governar mais difícil para as autoridades nestes países. Ainda mais complexo é os Estados assumirem posições impopulares na política externa. É cada vez maior o número de pessoas que não estão dispostas a aceitar de forma passiva as idéias de seus líderes sobre o que é melhor. No caso da Alemanha, por exemplo, a maioria da classe dominante responsável pela definição da política externa era contra a ruptura com os Estados Unidos no que diz respeito ao Iraque e queria, desesperadamente, evitar o tipo de disputa futura com Washington – mas a nova e populista atmosfera da política alemã impossibilitou esse posicionamento. Os alemães e muitos outros povos no mundo estão cada vez mais próximos da postura norte-americana neste sentido, porém isso não facilita a vida dos formuladores de política externa.

Um dos principais sinais da nova ordem política e econômica no mundo é o fato de os anjos, em toda parte, estarem sendo expulsos de seus redemoinhos de vento. Assim como ninguém é responsável pelas ações dos Estados Unidos, em cada vez mais países, as forças populares, os interesses comerciais e outros elementos da sociedade não estão mais submetidos ao controle dos tomadores de decisão nem das elites tradicionais. V.S. Naipaul escreveu sobre as mudanças em uma Índia de "um milhão de rebeliões"; logo serão um bilhão.

Nesse tipo de ambiente e contra esses tipos de forças, os Estados Unidos não são mais capazes de preservar sua liderança global se, para grande parte da população mundial, a imagem de autoridade suprema é a do anjo dirigindo o redemoinho do mundo. Enquanto os Estados Unidos estiverem focados nos principais interesses nacionais, precisarão reinventar algumas das formas como pensam o poder e a influência e, certamente, terão de reformular a sua liderança para um mundo que tende a se tornar cada vez mais antiautoritário e desconfiado das elites, com a contribuição dos próprios norte-americanos. Parte do choque cultural entre o governo George W. Bush e o resto do mundo foi motivado por sua visão antiquada de liderança de um mundo que procura uma nova conduta.

■

PARTE DA RESPOSTA NORTE-AMERICANA a estes desenvolvimentos deve ser uma abordagem nova e mais criativa das questões sobre governança global. Atualmente, o debate sobre as instituições está paralisado em um impasse desfavorável. Para ser aceito no mundo, o poder norte-americano deve manifestar-se, em certa medida, dentro e a favor das instituições, com políticas que contam com o apoio e a legitimidade internacionais. No entanto, o processo político dos Estados Unidos se recusa sistematicamente a adotar os tipos de restrições e compensações exigidas por uma institucionalização completa do poder norte-americano.

Sabemos que não há uma solução perfeita para as tensões e contradições em torno da institucionalização do poder norte-americano. Porém, há um potencial e longo caminho que pode levar à redução do nível de insatisfação (hoje, inaceitável) em relação à estrutura institucional mundial, tanto nos Estados Unidos quanto no resto do mundo.

As principais organizações globais foram estabelecidas logo após a Segunda Guerra Mundial, ou seja, em um mundo totalmente diferente do atual. Naquela época, grande parte da Ásia e da África ainda estavam sob domínio imperial; e, em 1945, somente um quarto dos Estados eram independentes.

As diferenças são ainda maiores. Hoje, o mundo é formado por regiões bem mais diversificadas – seria impossível agregar a Ásia, a África e a América Latina em um bloco e denominá-lo "países subdesenvolvidos", como foi feito há 50 anos. Desde 1945, o Brasil, a Nigéria, a Índia, a China e o Irã cresceram e seguiram caminhos bem variados. Hoje, a África, a Ásia e a América Latina são áreas muito complexas e bastante distintas.

O surgimento destas diferenças e a maior demanda das pessoas ao redor do mundo de serem ouvidas sobre os temas que os afetam promovem um novo tipo de desafio à política internacional. O problema pode até ser insolúvel, mas não deve ser ignorado.

O problema é de representação. Por um lado, somente instituições realmente globais representam todos os membros do sistema mundial. Por outro, se todos são iguais e justamente representados, ninguém detém um poder real. Hoje, há cerca de sete bilhões de pessoas no mundo. Se a opinião de cada um de nós equivale a uma parte destes sete bilhões nas discussões sobre os temas que nos afetam, nenhum de nós é de fato capaz de formular decisões.

É claro que esse também é um problema para as democracias de massa. Se todos os habitantes dos Estados Unidos tivessem uma parcela igual de influência nas decisões políticas, cada um possuiria uma cota de trezentos milionésimos. Sendo assim, em tais democracias, esta questão é abordada de duas formas. Governos locais e estatais garantem o maior poder possível às unidades menores, nas quais os eleitores individuais têm mais influência. Em uma discussão nacional, a voz de um cidadão pode ser abafada, mas, se ele for dinâmico, pode se fazer ouvir numa eleição da comissão escolar local. Além disso, a maioria dos indivíduos nas democracias coletivas tem afiliações partidárias, regionais ou culturais e sociais amplas o suficiente para serem representados no nível nacional. Uma mulher preocupada com causas feministas talvez não tenha tanto poder sobre a forma como os Estados Unidos funcionam, mas ela sabe que as pessoas que compartilham de suas opiniões participam e influenciam a formulação da política. Um proprietário de arma pode exultar com o poder da NRA.[1] Além do mais, há uma certa similaridade cultural entre cidadãos de uma democracia de massa, permitindo, assim, que as ações do governo satisfaçam a maioria da população.

Já as organizações globais não podem garantir aos indivíduos, grupos semelhantes e culturas a mesma noção de participação e delegação de poderes que a democracia de massa dá a sua população. Uma vez que Estados não-democráticos participam de tais instituições, o poder da democracia é dramaticamente enfraquecido quando o controle do poder passa dos Estados democráticos para as organizações que reúnem vários tipos de regimes. Mas, mesmo quando este problema não existe – por exemplo, na União Européia –, muitas pessoas, inevitavelmente, consideram as instituições internacionais menos legítimas e controláveis do que as organizações locais ou nacionais.

As instituições universais, criadas nos anos 1940, ainda têm um papel importante a cumprir. As Nações Unidas, por exemplo, ainda têm muito a realizar, mas é certo que há cada vez mais tarefas nas quais a organização pode não ser bem-sucedida. No governo Bush, em particular, os Estados Unidos dedicaram mais tempo e energia se ressentindo das incapacidades da atual estrututura internacional do que liderando o caminho para sua renovação. Esta é uma oportunidade perdida. Os Estados Unidos precisam ser muito mais proativos em relação às questões de governança global. À medida que as instituições internacionais puderem ser simplificadas, melhoradas e reformadas, os dilemas enfrentados pelos Estados Unidos também serão menos complexos. Se as organizações funcionarem melhor para todo o mundo será mais fácil trabalhar com elas.

Em geral, os norte-americanos deveriam se preocupar com duas estratégias principais. Primeiro, promover de modo mais criativo e decidido a reestruturação e a reforma das Nações Unidas. Em seguida, deveriam buscar complementar as Nações Unidas com instituições regionais dinâmicas e flexíveis, focadas em áreas específicas.

A reforma do Conselho de Segurança deveria ser uma prioridade para os Estados Unidos. De acordo com um modelo ideal, o número de Estados europeus membros permanentes deveria ser reduzido a fim de refletir a atual distribuição global da economia e do poder militar, mas é improvável que tanto a Grã-Bretanha quanto a França concordem em abrir mão de seus assentos para um da União Européia. De fato, a Alemanha quer um assento permanente no Conselho de Segurança e há bons argumentos para apoiar sua candidatura.

Graças a essas circunstâncias, os Estados Unidos deveriam apoiar uma expansão da afiliação permanente ao Conselho de Segurança para que a instituição reflita a realidade do mundo. Nesse sentido, o Japão e a Índia deveriam certamente ser membros permanentes, assim como o Brasil. No mínimo, deveria haver um membro permanente africano e um representante do mundo muçulmano. Se a Alemanha se juntar ao Conselho, mais três Estados não-europeus deveriam também receber assentos permanentes; não mais que um terço dos membros permanentes devem ser europeus.

Em condições ideais, os Estados Unidos deveriam apoiar as candidaturas do México, do Brasil, do Egito, da Nigéria, da África do Sul, da Índia, da Alemanha, da Indonésia e do Japão a assentos permanentes com poder de veto no Conselho de Segurança. Sendo assim, haveria uma pequena redução no número de assentos temporários no Conselho a fim de limitar o aumento no número total de membros. Portanto, a Ásia e a Europa teriam quatro assentos permanentes cada, à África três, a América Latina teria direito a dois e a América do Norte de língua inglesa ficaria com um assento. Apesar de o Sul global ter uma clara maioria de assentos permanentes na estrutura sugerida, os interesses dos Estados do Norte industrial seriam protegidos por seus vetos. Além dos 14 membros permanentes, haveria sete membros temporários – no total, a instituição reuniria 21 membros.

Certamente, é mais difícil chegar a um consenso com 14 membros com poder de veto, mas, quando este fosse alcançado, seria considerado uma expressão da disposição da política global mais legítima do que qualquer decisão tomada hoje pelo Conselho de Segurança.

Enquanto isso, os Estados Unidos deveriam se esforçar para promover o desenvolvimento de organizações regionais. Se as instituições universais de difícil controle, como a ONU, só podem assumir papéis mais limitados na ordem mundial, as organizações regionais deveriam ser capazes de compensar esta deficiência. A Otan e a União Européia são a prova de que instituições regionais podem ter funções vitais na evolução pacífica da prosperidade e da segurança regional. O Mercosul na América do Sul, a Asean no Sudeste da Ásia e a União Africana têm ambições similares, as quais os Estados Unidos podem e devem apoiar, no mínimo, em parte.

Em muitos casos, as instituições regionais funcionam melhor tanto para os Estados Unidos quanto para os países diretamente envolvidos. A opinião pública norte-americana suspeita de instituições que pareçam ou aspirem ser peças fundamentais de um governo mundial. Propriamente concebidas, as organizações regionais não tornarão estas preocupações realidade, e os Estados Unidos serão capazes de trabalhar de modo construtivo em parceria com elas sob governos de perfil reformista, conservadores ou liberais.

Outros países ganharão mais influência por meio das organizações regionais do que pelas instituições universais como as Nações Unidas, uma vez que as primeiras podem promover as prioridades e os valores culturais de seus membros melhor do que as universais.

O desenvolvimento de instituições regionais que se dediquem à segurança coletiva, à integração econômica e a outros valores, como a União Européia, talvez criem vozes capazes de serem ouvidas no cenário global, garantindo a outros países mais poder de barganha diante dos Estados Unidos. Às vezes, isso pode até ser inconveniente para os Estados Unidos, mas se, ao mesmo tempo, essas instituições estabilizarem questões econômicas e de segurança em áreas estratégicas do mundo e impuserem barreiras aos aspirantes a *hegemons* regionais, elas, simultaneamente, promoverão importantes interesses nacionais norte-americanos.

AINDA HÁ MAIS UM COMPONENTE da estratégia para renovar e restaurar o poder não-coercitivo norte-americano. Consegui entender melhor os desafios mundiais quando, em agosto de 2001, passei alguns dias visitando assentamentos informais e favelas nos arredores da Cidade do Cabo, na África do Sul. Há muitos anos, a tristeza e a sujeira destes locais têm abalado visitantes e nativos. De certa forma, as condições melhoraram com o término do *apartheid*, uma vez que o novo governo aprimorou a entrega de água limpa, instalou linhas de força elétrica e forneceu assistência a famílias e cooperativas com um material mais durável para substituir as cabanas feitas de madeira compensada e até de sacos de lixo de plástico. Por outro lado, desde o término do *apartheid*, o índice de criminalidade é elevado e o nível de segurança é baixo. Para piorar ainda mais a situação, as pessoas destes bairros são vítimas abandonadas à pandemia do HIV/AIDS que cresce continuamente.

Ao caminhar pelos becos e pelas ruas destas vizinhanças, descobri alguns fatos interessantes. O antigo método (fordista) de melhorar as moradias por meio de subsídios do governo e de habitações públicas nunca seria bem-sucedido ali. Muitas pessoas precisavam de casas, mas o governo não tinha dinheiro suficiente. A situação continuaria igual mesmo que os governos ocidentais aumentassem substancialmente sua ajuda ao desenvolvimento da África do Sul: as necessidades humanas simplesmente superam os recursos disponíveis e a África do Sul é de longe a economia mais rica na África subsaariana. Pode-se ir ao Zimbábue, à Nigéria e a vários outros países e, com certeza, o que se encontrará são favelas mais desesperadas e pessoas mais desprovidas do que em Cape Flats.

Mas, conversando com as pessoas de Khayelitsa – o assentamento, onde passei mais tempo –, aprendi algo ainda mais útil. Em 2001, uma casa modesta mas aceitável, com três quartos, com encanamento, água e eletricidade custava 3.200 dólares. Habitações deste tipo são bem maiores e mais cobiçadas do que as casas de 2.300 dólares fornecidas pelo maior programa governamental na região. Se o povo de Khayelitsa pudesse comprar casas como os norte-americanos, descontando 10% no pagamento de um empréstimo de 30 anos, a maioria das famílias estaria qualificada para hipotecas. No entanto, hoje, muitas delas alugam barracos pelo dobro do preço da hipoteca necessária para comprar uma casa de verdade.

Na África do Sul, nenhum banco faz empréstimos de hipoteca de 3.200 dólares. Em Khayelitsa, é difícil encontrar um caixa eletrônico, uma filial de banco não existe, e se existem corretores de imóveis ou de hipoteca na comunidade, não os vi nem os conheci.

Outras coisas faltam em Khayelitsa. Galinhas e porcos abatidos são vendidos nos cantos das estradas para as pessoas que voltam do trabalho para casa. É possível ver vendedores com pequenas pilhas de roupas e frutas, pessoas lavando roupas em tanques comunais. No entanto, na maioria dos assentamentos, não é possível ver armazéns comunitários nem distritos comerciais. A razão, mais uma vez, está menos associada à pobreza do que à falta de acesso ao financiamento. Empréstimos bancários para pequenos negócios simplesmente não estão disponíveis para os empreendedores de Khayelitsa.

Quando vejo estas cenas, e já vi outras semelhantes no mundo em desenvolvimento, fico desesperado de pensar em termos fordistas.

O capitalismo do milênio poderia mudar esta realidade. A engenharia financeira já atingiu uma situação melhor e a tecnologia de informação reduziu os custos de transação. O capitalismo do milênio criou mercados de capital internacional amplos e flexíveis que poderiam, teoricamente, direcionar capital do primeiro mundo para bancos e outras instituições, as quais seriam responsáveis pelos empréstimos de hipoteca ao povo de Khayelitsa e aos milhares de assentamentos semelhantes no mundo.

O fordismo incentivou a criação das hipotecas coletivas e dos mercados de serviço financeiro nas democracias industriais avançadas. Já o capitalismo do milênio pode internacionalizar este fenômeno para que, no futuro próximo, os fundos de pensão alemães e investidores institucionais japoneses possam acrescentar títulos de hipoteca brasileiros e africanos a seus portfólios.

Quando penso sobre o futuro do poder não-coercitivo norte-americano, penso sobre as finanças globais voltadas para satisfazer as necessidades humanas e reflito sobre Khayelitsa, a favela da Rocinha no Rio de Janeiro e de Ebute Metta fora de Lagos.

■

PRÓXIMOS DE CASA, OS ESTADOS UNIDOS precisam fazer algo em relação aos enormes problemas do México, da América Central e do

Caribe – locais cujos destinos estão cada vez mais entrelaçados aos norte-americanos. Por razões sociais, políticas e econômicas, os Estados Unidos precisam encontrar melhores formas de impulsionar o crescimento destes países, além de ajudar Cuba a encontrar um caminho em direção a um futuro próspero e livre, quando o longo reinado de Fidel Castro finalmente terminar.

O estado da região, onde os EUA estão localizados, é mais importante para o bem-estar doméstico e para posição global dos norte-americanos do que a maioria da sua população já imaginou. À medida que a imigração vinda desta região aumenta e o comércio legal e ilícito se expande rapidamente, os norte-americanos começam a entender as ligações cada vez mais relevantes que unem os países da região – embora até hoje a preocupação dos Estados Unidos tenha sido motivada mais pelo medo do que por uma esperança de uma região mais próspera.

Mas ainda há mais. Os arredores norte-americanos deveriam ser um exemplo para o mundo de como a governança democrática, o acesso aos mercados norte-americanos e as relações diplomáticas e de cooperação econômica com os Estados Unidos proporcionam benefícios concretos para países pobres propensos a participar do jogo. Se os países localizados na região próxima aos Estados Unidos não se desenvolverem, o que as políticas e propostas norte-americanas poderiam prometer aos outros países que estão mais distantes dos mercados e das preocupações dos Estados Unidos? Se os EUA não estão dispostos nem são capazes de combater a pobreza na soleira de sua porta, que provas os norte-americanos podem oferecer ao resto do mundo de que estão construindo um futuro melhor? O pobre estado da região próxima aos Estados Unidos é uma crítica marcante e prejudicial ao papel dessa nação no mundo. Se os norte-americanos não conseguem ajudar as pessoas no México, na Jamaica, na Colômbia e na República Dominicana a viverem melhor, o que a *Pax Americana* pode oferecer aos pobres (isto é, à maioria esmagadora) de países como a Nigéria, a Indonésia, a Índia e o Brasil?

O instinto inicial do presidente Bush de tornar as relações do México com os Estados Unidos um pivô de sua política externa estava correto. Seguindo o mesmo raciocínio, agora amplamente compartilhado entre republicanos e democratas, a melhor forma de ajudar o México e a região é se engajar num processo de integração econômica regional.

Abrir as fronteiras norte-americanas aos acordos de livre comércio foi uma medida inicial para melhorar os padrões de vida na região com base na prosperidade e nos mercados norte-americanos, mas o comércio não foi suficiente. É certo que o Nafta teve sucesso ao aumentar o comércio (desde que entrou em vigor, em 1994, as exportações do México para os Estados Unidos cresceram de 51 para 135 bilhões de dólares), mas os rendimentos, descontada a inflação, no México, caíram em 15%, desde o início do Nafta, e a lacuna entre o Sul destituído e o Norte relativamente próspero cresceu.[2] Como o presidente Fox ressalta com freqüência, 51% dos mexicanos – 50 milhões de pessoas – vivem na pobreza e 17,9 milhões vivem na pobreza severa (com menos de 2 dólares por dia), incluindo 7,1 milhões dentre os 8,7 milhões de indígenas mexicanos. Estatísticas referentes à América Central e ao Caribe descrevem quadros similares. Enquanto a realidade permanecer assim, os Estados Unidos continuarão enfrentando sérios problemas nacionais como a imigração, o crime, o tráfico de drogas e outros danos sociais difundidos por meio das permeáveis fronteiras norte-americanas.

Quando voltou a se preocupar com o México, no início de 2004, o presidente Bush propôs rever as condições de trabalhadores ilegais na economia norte-americana e desenvolver formas para simplificar a trajetória dos mexicanos e de outros ávidos para trabalhar temporariamente nos Estados Unidos, e daqueles que desejassem os empregos rejeitados pelos norte-americanos. Apóio estas iniciativas, embora acredite que deva ser dado mais atenção ao potencial impacto dessas medidas sobre norte-americanos de baixa renda e residentes legais. No entanto, como o Nafta, programas restritos de trabalhadores estrangeiros não darão ao México nem aos países do Caribe o incentivo necessário ao desenvolvimento. O número de trabalhadores estrangeiros e de imigrantes que os Estados Unidos estão dispostos e conseguem absorver é limitado.

Há ainda uma terceira opção, que seria muito mais bem aceita nos Estados Unidos do que os acordos de comércio e de trabalho estrangeiro – e teria, por fim, um impacto mais substancial sobre a prosperidade regional. De fato, ao recrutar ajuda da própria região para resolver um dos principais problemas sociais, os Estados Unidos podem contribuir com o processo de transição de seus vizinhos para um estado de prosperidade de primeiro mundo, que ocorreria muito mais rápido que a maioria dos otimistas esperaria.

Mais de cem milhões de cidadãos norte-americanos completarão 65 anos nos próximos 30 anos. Muitos desses idosos não conseguirão arcar com o tipo de aposentadoria que gostariam – principalmente em função do aumento do custo das moradias para idosos e de outros serviços causado pela demanda crescente. Ao mesmo tempo, milhões de trabalhadores da região entram nos Estados Unidos, freqüentemente de forma ilegal, para trabalhar no sistema de saúde (Medicare) e em outros empreendimentos voltados para a terceira idade.

Por que essa migração acontece em uma única direção? Por que não permitir – encorajar – cidadãos norte-americanos a se aposentarem em locais onde os custos são mais baixos e seus gastos possam incentivar o desenvolvimento econômico?

Os Estados Unidos (e o Canadá) deveriam negociar acordos com parceiros da região interessados e dispostos a promover impostos, direitos alfandegários e outros tratamentos favoráveis para encorajar cidadãos norte-americanos (e canadenses) a se aposentarem ao sul da fronteira – além de proporcionar uma estrutura legal adequada para questões como tributação, seguro, direitos de propriedade e bens herdados. Neste caso, o presidente também pediria ao Congresso para fornecer a legislação necessária que permitiria instalações do sistema de saúde qualificadas e autorizadas sob o seguro de saúde público norte-americano para tratar os cidadãos que têm direito a ele. Esses reembolsos seriam porcentagens descontadas dos pagamentos oferecidos nos Estados Unidos, permitindo ao governo norte-americano economizar dinheiro, já que os custos com saúde no México e em outros lugares são mais baixos.

Esse tipo de política de desenvolvimento garante o ganho mútuo. Não é ajuda externa; não arruinará os empregos norte-americanos. (O emprego no sistema de saúde continuará a crescer no mesmo ritmo que a população norte-americana envelhece, mesmo que um número significativo de norte-americanos escolha gastar parte de sua aposentadoria no exterior.) Aproveitar os baixos custos dos serviços no México significa para os EUA reduzir os déficits do sistema de saúde pública para idosos norte-americanos, que hoje ameaçam mais as condições financeiras de longo prazo do país do que a Previdência Social. Ao mesmo tempo, tal medida cria, literalmente, milhões de novos empregos e bilhões de dólares em novos investimentos na região. Somado a isso, o aumento do número de empregos no México e no Caribe reduzirá a pressão pela imigração ilegal. Estudos estimam que uma família, em que todos são aposentados, injeta em torno de 55 mil dólares por ano em economias locais. Além de gastar com produtos médicos e para consumo e saúde, haveria importantes investimentos em habitação, infra-estrutura, lazer, turismo e todo um conjunto de atividades relacionadas. A Flórida era um pântano e o Arizona um deserto até os aposentados transformarem estas economias antes estagnadas. Receber os aposentados norte-americanos é uma forma de países, como o México, criarem empregos, desenvolverem a infra-estrutura financeira e impulsionarem um crescimento econômico duradouro.

Este é o capitalismo do milênio na prática. Não é ajuda externa; não é um programa de concessão de direitos. Não força ninguém a fazer coisa alguma. Os norte-americanos que preferirem não se aposentar no México nem na Costa Rica, podem ir para Ohio ou para a Flórida. Países que acharem melhor não participar desse programa são livres para seguir outro rumo. Mas aqueles que gostassem de ter mais escolhas, poderiam aproveitar esta.

Uma iniciativa regional de aposentadoria como essa também pertence a esse milênio e dá aos pobres um melhor acesso ao capitalismo em vez de tentar protegê-los dele. Tal política aumenta as oportunidades de cidadãos do México e de países vizinhos de encontrar novos tipos de trabalho e de desenvolver negócios para fomentar um mercado novo e próspero.

Assim como a implementação dos mercados de hipoteca para trabalhadores comuns nos países em desenvolvimento, a promoção de aposentadoria regional é um meio de usar o potencial das novas tecnologias para melhorar as vidas de pessoas nos países pobres e ricos. Quando penso sobre o futuro do poder norte-americano, penso sobre o enorme potencial do capitalismo do milênio – sua mobilidade de capital, sua capacidade de abolir a distância, sua capacidade de aumentar a produtividade humana e de facilitar a ascensão de novas indústrias e novos mercados – voltado para servir às necessidades humanas.

A POLÍTICA EXTERNA NORTE-AMERICANA não é apenas o negócio do governo dos EUA. Uma vez que os Estados Unidos buscam construir um sistema global sustentável em uma era marcada pelo capitalismo do milênio e pela globalização acelerada, o povo norte-americano deve participar mais das questões internacionais, se engajando na condução dos problemas mais urgentes do mundo. Os programas fordistas de ajuda internacional, burocraticamente administrados, não são capazes de solucionar a pobreza e o HIV/AIDS no Sul da Ásia e na África; já a sociedade civil norte-americana pode ser muito mais eficiente. É provável que os Estados Unidos sejam o primeiro país do G7 a alcançar o objetivo de fornecer 0,7% do PIB nacional à assistência ao desenvolvimento. No entanto, os norte-americanos fazem isso de uma forma própria, mas particular e pós-fordista, utilizando canais como a filantropia e a caridade com base na fé. Inclusive, é possível que os resultados gerados por tal metodologia sejam mais bem-sucedidos do que a ajuda oferecida por meio das formas antigas. Os presidentes podem e devem usar sua posição oficial para incentivar o engajamento mais profundo, direto ou por meio da reunião de líderes religiosos e filantrópicos. No final, independentemente do meio, a energia e o compromisso do povo norte-americano determinarão o quanto o aspecto social de sua política externa foi bem-sucedido.

APESAR DOS SÉRIOS PROBLEMAS enfrentados pelos norte-americanos e dos enormes danos sofridos pelo seu poder não-coercitivo nos últimos anos, sou otimista no que diz respeito ao futuro. Os desafios atuais parecem muito graves, porque os ataques de 11 de Setembro ocorreram em um momento vulnerável da história do sistema norte-americano, quando a transição do fordismo para o capitalismo do milênio passava por um estágio crítico. Em 2001, as mudanças causavam aflições e desconforto aos governos, grupos de interesse poderosos e líderes culturais na Europa e no mundo em desenvolvimento, mas as características benignas do capitalismo do milênio eram ainda relativamente incipientes.

No entanto, essa situação vai mudar. Primeiramente, os empreendedores e funcionários civis de diversas economias mundiais identificam, de modo crescente, formas de promover a transição para o capitalismo do milênio dentro de suas sociedades – os Estados Unidos talvez tenham sido o primeiro país a começar a transição, mas não serão o último. Embora a França tenha liderado o movimento intelectual contra o abandono do fordismo, o país também se move rapidamente para reestruturar e reformular sua economia, a fim de se beneficiar das oportunidades que o novo sistema proporciona. Quanto mais empresas e setores econômicos de diferentes países completarem a transição, o capitalismo do milênio deixará de ser considerado um mecanismo especificamente norte-americano para ser visto como uma forma natural e, até mesmo, bem-vinda de progresso. Assim como o fordismo assumiu formas diferentes nos Estados Unidos, na Europa Ocidental e em outras partes do mundo, o capitalismo do milênio tende a se desenvolver também de diversas maneiras.

Enquanto o capitalismo era descoberto e se desenvolvia, primeiramente, no Ocidente e, depois, na história mundial, forças culturais e sociais em geral eram ignoradas para que as forças econômicas construíssem novas realidades. A Revolução Industrial explodiu sem a sociedade ter experiência alguma de urbanização em massa. Sendo assim, levou um certo tempo até a população mundial entender o ciclo de comércio, as terríveis vulnerabilidades vivenciadas por trabalhadores industriais e deserdados, em tempos de desemprego em massa, e muitos outros novos fenômenos da sociedade industrial. Valores e instituições sociais e políticas também demoraram um pouco para se ajustar às novas realidades e, em alguns países, a turbulência associada a estas transições foi tamanha que promoveu terríveis descarrilamentos históricos, como a Revolução Bolchevique na Rússia.

Hoje, mais uma vez, os Estados Unidos enfrentam mudanças econômicas que ultrapassam sua capacidade de se adaptar e melhorá-las. As novas formas de interdependência e associação, conhecidas como globalização, fazem parte deste fenômeno, assim como os efeitos de uma competição mais dinâmica dentro das economias nacionais.

O mundo ainda não está pronto para encarar todas as mudanças proporcionadas pelo capitalismo do milênio. Como nas primeiras décadas da Revolução Industrial, é mais comum testemunhar movimentos de protesto reacionário e um saudosismo utópico e sem esperanças do que identificar métodos práticos e realistas inerentes ao novo sistema econômico que poderiam ser utilizados para solucionar seus próprios problemas.

Felizmente, há sinais promissores de que a imaginação social do mundo já consegue alcançar algumas das novas oportunidades. O trabalho do economista peruano Hernando de Soto, por exemplo, detalhou a importância da propriedade privada e do acesso ao crédito para reduzir a pobreza. O movimento de microcrédito, que, como Soto, conta com apoio tanto dos eleitorados de esquerda e de direita, está construindo um acervo de conhecimento e experiência sobre como o acesso ao capitalismo pode melhorar as condições de vida dos pobres. Esse crescente consenso, mais uma vez, tanto na direita como na esquerda, de garantir às mulheres o acesso à educação e às oportunidades econômicas é a chave para o desenvolvimento, que também reflete a ascensão de uma nova filosofia da participação de todos. Para o pobre, o acesso ao capitalismo é fundamental e mais importante do que a proteção contra o sistema.

■

ACREDITO QUE O FUTURO da política externa norte-americana seja transpor o fosso existente entre o poder do capital e as pessoas que vivem em locais como Khayelitsa. Incentivar e ajudar as pessoas, em todo o mundo, a mudarem suas vidas por meio do poder do capital pode gerar resultados mais relevantes do que a construção de casas, empresas, hospitais, mesquitas, igrejas e escolas – a principal

dependa cada vez menos do poder militar norte-americano e cada vez mais da ligação de toda população mundial a um conjunto de valores e crenças.

No fim do dia, os apenas 5% da população mundial, que vivem nos Estados Unidos, não podem impor uma ordem mundial aos 95% da humanidade além de suas fronteiras. Os Estados Unidos devem defender valores e liberdades significativos não só para os próprios cidadãos, mas para todos os parceiros e aliados no mundo.

Franklin Delano Roosevelt, mais que qualquer outro, foi o mentor do poder mundial norte-americano na era fordista. Sob sua liderança, os Estados Unidos estabeleceram o New Deal, no país, e criaram as bases necessárias para um sistema mundial, que sob o comando de seus sucessores, seria capaz de promover mais prosperidade e liberdade para mais pessoas do que em qualquer outra época da história.

Por toda sua vida, os valores pessoais e políticos mais íntimos de Roosevelt foram marcados pela influência do carismático e, muitas vezes, temível diretor do internato que Roosevelt freqüentou quando novo. Endicott Peabody resumiu sua fisolofia pessoal em uma expressão latina: *Cui Servire Est Regnare*. Quase sempre traduzida como "cujo serviço é a liberdade perfeita", que significa que não é possível governar sem servir a Deus e à raça humana.

Esta idéia esteve presente em todos os projetos de vida de Roosevelt como um fio de ouro. O capitalismo, por exemplo, só poderia sobreviver, no período da Depressão, ao satisfazer às necessidades dos trabalhadores comuns. Portanto, os Estados Unidos só podem ascender ao poder mundial ajudando a resolver os problemas globais.

A solução para a política externa norte-americana atual (e, aliás, para a política nacional também) é se apegar aos valores de Franklin Roosevelt e, ao mesmo tempo, se desfazer da maioria de seus métodos.

Como alguém ainda mais importante do que Roosevelt ressaltou, "Quem quer que seja que queira ser o primeiro entre vocês deve se tornar o servo de todos". Este não é só um conselho religioso confortável. É uma declaração lúcida sobre o modo como o poder permanente funciona. É a tarefa para a qual o povo norte-americano e seus aliados internacionais foram chamados e sua realização depende essencialmente do quão bem tais países irão cumpri-la.

NOTAS

PREFÁCIO À EDIÇÃO BRASILEIRA *(p.7 a 10)*

1. Mead, Walter Russel, "Special Providence: American Foreign Policy and How it Changed the World", NY, Routledge, 2002.

INTRODUÇÃO: A CRISE NORTE-AMERICANA *(p.11 a 18)*

1. Do original em inglês: *soft power*, uma expressão formulada pelo acadêmico norte-americano Joseph Nye para designar o poder de influência originado nos campos da cultura e das idéias. (N.E.)

2. Livro anterior do autor sobre a natureza da política externa norte-americana, ainda não publicado no Brasil: Mead, Walter, "Special Providence: American Foreign Policy and How it Changed the World", NY, Routledge, 2002. (N.E.)

PARTE I: O PROJETO NORTE-AMERICANO

CAP. 1: **NÃO EXISTEM ANJOS EM NOSSOS REDEMOINHOS DE VENTO** *(p.21 a 29)*

1. Amidst confusion, horror, and despair / Examin'd all the dreadful scenes of war: / In peaceful thought the field of death survey'd / To fainting squadrons sent the timely aid, / Inspir'd repuls'd battalions to engage / And taught the dreadful battle where to rage. / So when an angel by divine command / With rising tempests shaks a guilty land, / Such as of late o'er pale Britannia past, / Calm and serene he drives the furious blast; And, pleas'd th' Almighty's orders to perform, / Rides in the whirlwind,

and directs the storm. [Joseph Addison, "The Campaign"("A Campanha"), in *The Works of the English Poets, with Prefaces, Biographical and Critical,* ed. Samuel Johnson (Londres: H. Baldwin, 1779), 23:51-67.]

CAP. 2: **A CONFIGURAÇÃO DO PODER NORTE-AMERICANO** *(p.30 a 49)*

1. Joseph S. Nye, *O paradoxo do poder americano,* São Paulo, Unesp, 2002.

2. Do original: *hard power* e *soft power.* (N.E.)

3. Do original: *sharp power.*

4. Do original: *sticky power.*

5. Do original: *sweet power.*

6. Povo da Antigüidade que habitou a Ásia Menor cerca de 1900 anos a.C. (N.E.)

7. Os norte-americanos se referem normalmente ao hemisfério ocidental como região equivalente às três Américas. (N.E.)

8. Na Crise do Canal de Suez, em 1956. (N.E.)

9. Na Revolução Islâmica de 1979. (N.E.)

10. Na invasão do Kuwait, em 1990. (N.E.)

11. Departamento de Defesa, Washington Headquarters Services, Directorate for Information Operations and Reports. Estes números refletem um posicionamento permanente a partir de 30 de setembro de 2003, não um posicionamento estratégico atual.

12. John Lumpkin, "Open-Government Advocate Seeks Disclosure of Intelligence Budget", *Associated Press*, 12 jun 2002.

13. Angell Norman, "A Grande Ilusão: Um Estudo da Relação do Poder Militar em Nações para sua Vantagem Econômica e Social", São Paulo, Imesp, 2002.

14. David Hale e Lyric Hughes Hale, "China Takes Off", *Foreign Affairs* 25, n.6 (nov-dez 2003): 36-53.

15. Secretário de Estado norte-americano entre 1953 e 1959. (N.E.)

16. Secretário do Tesouro entre 1961 e 1965, foi membro do Comitê Executivo do Conselho de Segurança Nacional norte-americano durante a Crise dos Mísseis. (N.E.)

17. General norte-americano, comandante supremo das forças aliadas no Pacífico durante a Segunda Guerra Mundial, atuou também na Guerra da Coréia, quando iniciou um embate público direto contra o presidente Henry Truman. (N.E.)

18. Carol C. Adelman, "The Privatization of Foreign Aid: Reassessing National Largesse", *Foreign Affais*, 25, n.6 (nov-dez 2003): 9-14.

Cap. 3: O Poder hegemônico e a convergência harmônica *(p.50 a 65)*

1. Em outro livro de autoria do mesmo autor (Mead, Walter, *Special Providence: American Foreign Policy and How it Changed the World*, NY, Routledge, 2002), a natureza da política externa norte-americana é dividida em quatro correntes: a dos jeffersonianos, a dos wilsonianos, a dos hamiltonianos e a dos jacksonianos, esta última faz referência ao ex-presidente dos Estados Unidos Andrew Jackson e enfatiza os aspectos militaristas da ação no exterior. Os hamiltonianos são identificados com a preocupação do uso do ambiente externo em prol do bem-estar econômico da nação. Os wilsonianos são promotores internacionalistas dos valores norte-americanos. E, finalmente, os jeffersonianos são aqueles identificados com o objetivo primordial de proteger a democracia norte-americana dos perigos do mundo exterior. (N.E.)

2. Personagem fictício da TV norte-americana na famosa série *All in the Family* (*Tudo em família*) ligado ao patriotismo e aos bons valores da sociedade e da família nos Estados Unidos. (N.E.)

3. Gloria é filha de Archie na série *All in the Family* e Meathead era como, às vezes, Archei Bunker chamava o personagem Michael Stivic, seu genro, na mesma série. (N.E.)

4. Do original: "Nothing to kill or die for, and no religion too", da música "Imagine".

5. Fukuyama, Francis, "O fim da história e o último homem", São Paulo, Rocco, 1999.

Parte II: A tempestade que se aproxima

Cap. 5: O declínio do fordismo e o desafio ao poder norte-americano *(p.80 a 92)*

1. Knofp, NY, 2001.

2. *Historical Statistics of the United States: Colonial Times to 1970 (Estatísticas históricas dos Estados Unidos: Eras Coloniais até 1970)* (White Plains, NY: Kraus International Publications, 1989), 224, 1114.

3. Importante construtor de Nova York entre os anos 1930 e 1950.

Cap. 6: Bush, os neoconservadores e o renascimento norte-americano *(p.93 a 115)*

1. Que marcou o fim da Primeira Guerra Mundial. (N.E.)

2. Do original, *nation-building*. (N.E.)

3. Órgão da ONU. (N.E.)

4. Da política realista, voltada aos interesses estratégicos da nação. (N.E.)

5. Bem Supremo. (N.T.)

6. No hemisfério Norte. (N.E.)

7. Barry Morris Goldwater (1909-98): político norte-americano e um dos pais fundadores do movimento conservador nos Estados Unidos. (N.E.)

8. Cinturão Bíblico – região no sudeste dos Estados Unidos onde a prática da religião protestante evangélica fervorosa faz parte da cultura local. (N.T.)

9. Cinturão Borscht – área em Nova York freqüentada por judeus. (N.T.)

10. Do original *Sunday School* – escola religiosa que funciona aos domingos.

11. *Relatório Econômico do Presidente* (Washington, D.C.; Government Printing Office, 2003), 318-19, 330-1.

PARTE III: O RENASCIMENTO EM AÇÃO

CAP. 7: A POLÍTICA EXTERNA DO GOVERNO BUSH *(p.119 a 135)*

1. "Peremptory Tendencies: France Fires a Warning Shot at the US" ("Tendências Decisivas: a França Dispara um Tiro de Advertência contra os Estados Unidos"), *The Guardian* (Londres), 7 de fevereiro de 2002.

2. Casa Branca, *Compilação Semanal de Documentos Presidenciais* (Washington, D.C.: Government Printing Office, 24 set 2001).

3. Casa Branca, *Compilação Semanal de Documentos Presidenciais* (Washington, D.C.: Escritório de Impressão do Governo, 10 jun 2002).

4. Dean Acheson (1893-1971) foi secretário de Estado do governo Harry Truman e ficou conhecido como o responsável pela Doutrina Truman, bastante identificada com a idéia da "contenção", durante os primeiros anos da Guerra Fria. (N.E.)

5. Do hemisfério Norte.

6. Nacionalistas do partido Baath, de Saddam Hussein. (N.E.)

7. Representada, em especial, pelo regime de sanções. (N.E.)

8. Expressão típica da política norte-americana, em contraposição aos "pombos", vistos como mais liberais. (N.E.)

9. Que patrulhavam, sob o mandato da ONU, as Zonas de Exclusão Aéreas (Zeas) estabelecidas após a primeira Guerra do Iraque, em proteção aos territórios curdos e xiitas no Iraque, alvos constantes do regime de Saddam Hussein. (N.E.)

CAP. 8: **OS ACERTOS DE BUSH** *(p.136 a 147)*

1. No hemisfério Norte. (N.E.)

2. US Census Bureau (Escritório de Censo Norte-Americano), Base de Dados Internacional, Tabela 00I, 2000, http://www.census.gov/ipc/www/idbprint.html.

3. Da Tabela I.I (Tamanho da Economia) em 2003 *Indicadores de Desenvolvimento Mundial* (Washington, D.C.: The World Book, 2003), I5.

4. Político republicano, foi presidente dos Estados Unidos entre 1901 e 1909. Como militar, comandou um batalhão montado na guerra contra a Espanha de 1898. É historicamente relacionado à política externa norte-americana do *big stick*. (N.E.)

5. Político republicano, foi presidente dos Estados Unidos entre 1909 e 1913. (N.E.)

6. Theodore Roosevelt, *The Letters of Theodore Roosevelt*, ed. Elting E. Morison et al. (Cambridge, Mass: Harvard University Press, 1951-54), 5:761, citado em Warren Zimmermann, *First Great Triumph* (Nova York: Farrar, Straus & Giroux, 2002, 445).

CAP. 9: **ONDE OS ANJOS TEMEM CAMINHAR** *(p.148 a 172)*

1. Klemens Wenzel Lothar Nepomuk von Metternich (1773-1859), nobre diplomata austríaco.

2. Presidente da Líbia. (N.E.)

3. Madeleine Albright, *Madame Secretary: A Memoir* (Nova York: Miramx, 2003), 186.

4. Primeiro-ministro.

5. O nome original da história em quadrinhos é Peanuts. Mal-humorada e mandona, a personagem Lucy segura uma bola de futebol norte-americana em uma das histórias para que Charlie Brown a chute, mas no último momento, tira a bola e Charlie Brown leva um tombo. (N.T.)

6. A Casa Branca, *Compilação Semanal dos Documentos Presidenciais* (Washington, D.C.: Government Printing Office, 10 set 2001).

PARTE IV: O FUTURO DA POLÍTICA EXTERNA NORTE-AMERICANA

CAP. 10: O COMBATE AO TERROR *(p.175 a 201)*

1. "Sources of the Soviet Conduct" (Fontes da Conduta Soviética), *Foreign Affairs* 25, n.4 (jul 1947).

2. Mustafá Kemal Atatürk (1881-1938): fundador da República turca em 1923 e seu primeiro presidente. (N.E.)

3. *Palestinian Territories* [Territórios Palestinos], The Economist Intelligence Unit (Londres: EIU Limited, 2003), 50.

4. Ehud Barak, ex-primeiro-ministro israelense entre maio de 1999 e março de 2001. Foi o representante da proposta israelense para o encontro de Camp David, em 2000, com Yasser Arafat, promovido pelo ex-presidente norte-americano Bill Clinton, considerada como a mais ampla já feita por um líder israelense no que diz respeito ao conflito com os palestinos. (N.E.)

5. Antigo Parlamento alemão, hoje chamado de *Bundestag*. (N.E.)

CAP. 11: A RECONSTRUÇÃO DO PROJETO NORTE-AMERICANO *(p.202 a 225)*

1. NRA – National Rifle Association (Associação Nacional de Rifle) – associação norte-americana que promove esportes de tiro e confere aos cidadãos o direito de possuir armas de fogo. (N.T.)

2. Departamento de Comércio dos Estados Unidos, *U.S. International Trade in Goods and Services: Annual Revisions for 2002* [*Comércio Internacional Norte-Americano em Produtos e Serviços: Revisão Anual de 2002*] (Washington, D.C.: Government Printing Office, abr 2003), CB-03-94, BEA-03-21.

AGRADECIMENTOS

SÓ UM AUTOR PODERIA SER CITADO na capa de um livro como este, mas em nossa sociedade, escrever livros é um complexo empenho social que envolve a cooperação e o apoio de muitas pessoas. Tive a idéia de *Poder, terror, paz e guerra* no verão de 2003; sem o entusiasmo de minha agente literária e cara amiga Geri Thoma, este projeto não teria vingado. Richard Haass, assumindo naquele momento suas novas responsabilidades no Conselho de Relações Exteriores, permitiu que eu deixasse de lado outras obrigações e prazos finais para me dedicar em tempo integral a este livro. Jonathan Segal, meu antigo editor na Knopf, auxiliado por Ida Giragossian, me forneceu a combinação equilibrada entre o incentivo e a pressão para que eu pudesse entregar o original a tempo.

Como sempre, minha produção literária conta com o conselho e observações de colegas e amigos próximos. Nunca poderei retribuir a dívida pessoal, profissional e intelectual que tenho por Les Gelb – e espero manter nossa relação assim. A eficiente leitura do original de Jim Lindsay, que se juntou ao Conselho, neste verão, como diretor de estudos, foi de grande ajuda. Julia Sweig, Henry Siegman e Rachel Bronson ofereceram excelentes sugestões.

Os grupos de estudo em Los Angeles e Nova York foram muito benéficos a este livro. Sou grato a Robert Abernathy por sua gentil hospitalidade e generosidade ao financiar as despesas do grupo de Los Angeles. James Chance, que me orientou de forma amigável em tantos momentos críticos de minha carreira, conduziu o grupo de estudo de Nova York com seus habituais talento e simpatia.

Quero agradecer em particular agradeço à equipe júnior do Conselho de Relações Exteriores em Washington e Nova York, que organizou e liderou sessões de estudo em grupo sobre o meu texto. Chris Angell e Ian Cornwall as presidiram, em Nova York, e Michael McCarthy e Kathleen Jennings, em Washington. Grupos de estudo da equipe júnior produziram as melhores análises sobre o meu texto original.

O Conselho de Relações Exteriores é uma organização extraordinária. Sempre me surpreendo e fico comovido pela dedicação de meus amigos e colegas do Conselho e por suas missões. Desde os ataques de 11 de Setembro, as mulheres e homens desta equipe duplicaram seus esforços para contribuir com o entendimento da política externa norte-americana e os desafios que os Estados Unidos enfrentam. Após Les Gelb, Richard Haass continuou a missão de tornar o Conselho mais dinâmico e de ser uma parte importante do debate de política externa norte-americana. Mike Peters e Jan Murray fizeram milagres para tornar o Conselho um local onde acadêmicos e pensadores têm o apoio necessário para realizar seus trabalhos.

Charlie Day e seus colegas Albert Andrade, Alice McLoughlin, Ginny Parrott, Chris Sierra, Deepak Trivedi e Richard Wawzycki do departamento de Serviços de Informação recuperaram documentos perdidos, substituíram equipamentos em mal funcionamento e, muitas vezes, resolveram com habilidade minha incompetência com máquinas de todos os tipos. Santo Ine Alers, Frank Alverez, Angel Cordova, Gilbert Falcon, Phil Derek Velez e Lawrence White sempre ultrapassaram a obrigação de suas responsabilidades e tornaram meu escritório, no Conselho, o local de trabalho mais acolhedor e eficiente que já tive. Alicia Siebenaler, Jean-Michel Oriol e Avery Alpha, a equipe do Departamento de

Estudos; sem eles o departamento e seus membros parariam laboriosamente. Jan Hughes, Donna Sardella e Kerryn Kletter, que administram a área de Recursos Humanos no Conselho, me ajudaram a encontrar e recrutar extraordinários assistentes de pesquisa. Os bibliotecários Lilita Gusts, Michelle McKowen, Barbara Miller, Ming Er Qiu, Christine Quinn, Marcia Sprules e Connie Stagnaro, como sempre, conseguem encontrar as fontes e fatos mais inalcançáveis. David Kellogg, Lisa Shields, Irina Faskianos, Elise Lewis, Jeff Reince, Jacqui Schien, Bernard M. Gwertzman, Patricia Dorff, Marie Strauss, Abigail Zoba e Jennifer Manuel foram extremamente atenciosos.

Devo em especial a Bryan Gunderson, o assistente de pesquisa que mais trabalhou comigo durante o processo de redação deste livro. Bryan teve um verdadeiro batismo de fogo no Conselho; ele se juntou a nós no momento em que mergulhei no livro e precisei aprender como funcionava esta complexa instituição, em uma época em que a vida era ainda mais agitada que o normal. Sem sua incansável boa vontade, nunca poderia ter terminado o original, nem mesmo editá-lo ou revisá-lo, em um tempo tão curto. Também sou grato a Charles Edel, que entrou para o nosso grupo enquanto o original era editado e contribuiu de forma importante para o produto final. Agradeço extremamente a Luis Lugo e Pew Forum da Religion and Public Life, cujo apoio permitiu que Charles participasse do Conselho.

Finalmente, gostaria de agradecer a um grupo de membros do Conselho de Relações Exteriores, que têm apoiado meu trabalho por meio de ajuda finaceira e de suas orientações por tantos anos. Sou grato, em especial, a Henry Arnhold, Kimball Chen, Robert Chaves, Mark Fisch, John Guth, Tom e Janine Hill e Frank Hoch. O interesse, o apoio e a generosidade dos membros são fundamentais para que o Conselho de Relações Exteriores mantenha seu padrão de qualidade e independência; sinto-me honrado pelo fato de tantos deles terem se interessado pelo meu trabalho.

ÍNDICE REMISSIVO

Este livro foi composto por Textos e Formas,
em ITF Franklin Gothic e ACaslon, e impresso
por Bartira em setembro de 2006.